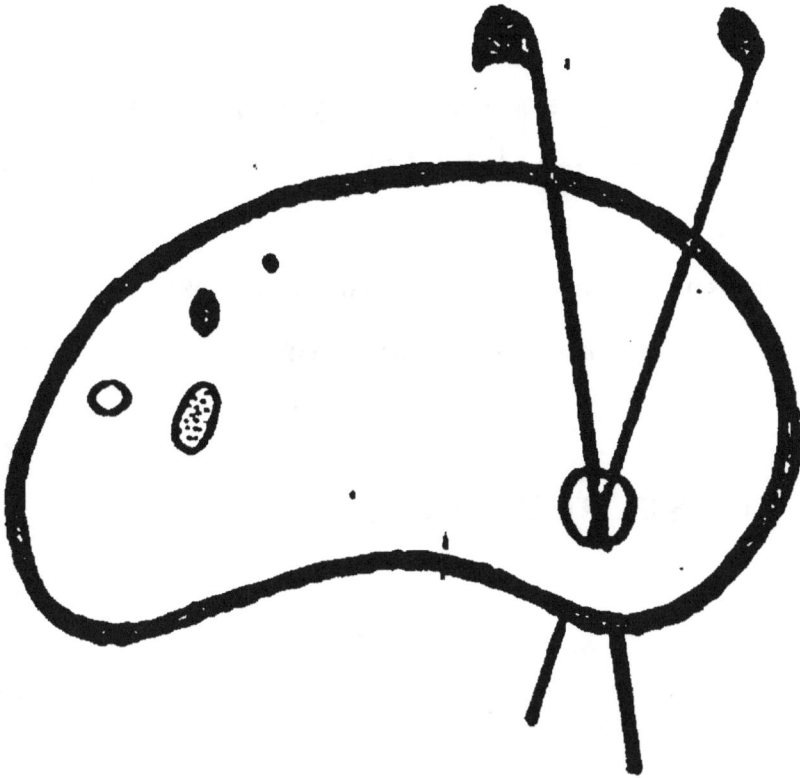

DEBUT D'UNE SERIE DE DOCUMENTS
EN COULEUR

DE
L'ASSURANCE SUR LA VIE

CONSIDÉRÉE SPÉCIALEMENT

DANS LE CAS OU ELLE EST CONTRACTÉE AU PROFIT

DE BÉNÉFICIAIRES INDÉTERMINÉS

THÈSE POUR LE DOCTORAT

PAR

Marius FERRIÉ

AVOCAT A LA COUR D'APPEL

PARIS

LIBRAIRIE NOUVELLE DE DROIT ET DE JURISPRUDENCE

ARTHUR ROUSSEAU, ÉDITEUR

14, RUE SOUFFLOT ET RUE TOULLIER, 13

1897

———
Imp. C. Saint-Aubin et Thévenot. — J. Thévenot, successeur, Saint-Dizier (Haute-Marne).
———

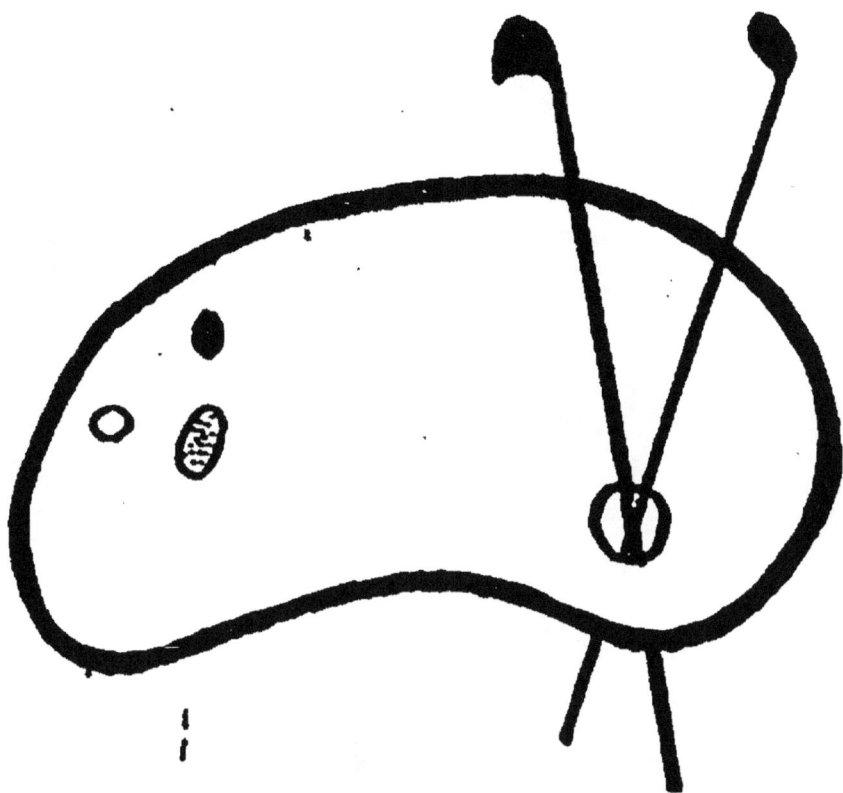

FIN D'UNE SERIE DE DOCUMENTS
EN COULEUR

THÈSE

POUR LE DOCTORAT

UNIVERSITÉ DE PARIS. — FACULTÉ DE DROIT

DE
L'ASSURANCE SUR LA VIE

CONSIDÉRÉE SPÉCIALEMENT

DANS LE CAS OU ELLE EST CONTRACTÉE AU PROFIT

DE BÉNÉFICIAIRES INDÉTERMINÉS

THÈSE POUR LE DOCTORAT

L'ACTE PUBLIC SUR LES MATIÈRES CI-APRÈS

Sera soutenu le vendredi 29 octobre 1897, à 10 heures

PAR

Marius FERRIÉ

AVOCAT A LA COUR D'APPEL

Président : M. MASSIGLI.

Suffragants : { MM. Léon MICHEL, *professeur.*
{ DESCHAMPS, *agrégé.*

PARIS

LIBRAIRIE NOUVELLE DE DROIT ET DE JURISPRUDENCE

ARTHUR ROUSSEAU, ÉDITEUR

14, RUE SOUFFLOT ET RUE TOULLIER, 13

—

1897

A MON PÈRE

INTRODUCTION

« L'assurance, envisagée d'une manière générale, est destinée à procurer la réparation des conséquences qu'un événement fortuit peut entraîner, soit pour la personne, soit pour les biens. C'est la compensation pécuniaire au moyen d'une *indemnité* et par la *mutualité* organisée suivant les lois de la statistique, de certains effets du hasard, *des risques* qui détruisent ou diminuent le patrimoine de l'homme, en d'autres termes qui occasionnent des sinistres (1). »

Les risques dont l'assurance a pour but de faire obtenir la réparation pécuniaire sont des plus variés. Le contrat d'assurance s'applique en effet à toute espèce de choses et à toute espèce de risques (2), on peut assurer les propriétés mobilières et immobilières, l'existence même, contre tous les dangers auxquels elles sont exposées

(1) Lefort, I, p. 1.
(2) Aussi a-t-on pu définir le contrat d'assurance : « un contrat par lequel une personne, appelée assureur, s'engage, moyennant un prix déterminé, nommé prime d'assurance, à indemniser une autre personne, nommée l'assuré (ou ses successeurs), de dommages que cette dernière peut éprouver dans sa personne ou ses biens, par suite d'un cas de force majeure ou d'un événement fortuit, tel que mort, naufrage, incendie, accident, etc., etc... ». Ch. de la Prugne, *Traité d'assurance théorique et pratique*, p. 1 et 2.

c'est-à-dire contre l'incendie, l'inondation, la grêle, l'épizootie, l'accident, la mort, etc. (1).

Les risques qui concernent spécialement la vie de l'homme, la garantie d'un avenir pour lui et pour les siens, peuvent donc faire l'objet d'une assurance : l'assurance *sur la vie* (2), qui a pour objet, dans ses différentes formes, de procurer au bénéficiaire du contrat une somme déterminée, payable, soit au décès d'une personne convenue, soit à une époque fixée dans le contrat.

Pendant longtemps les assurances sur la vie n'ont pas été pratiquées en France, mais, en 1818, le Conseil d'Etat, consulté sur le point de savoir si des sociétés anonymes pouvaient être autorisées à contracter des assurances en cas de décès, rendit un avis affirmatif dans les termes suivants :

« Considérant que ce genre de contrat peut être assimilé aux contrats aléatoires que permet le Code civil ; qu'il est ainsi plus digne de protection que le contrat de rente viagère, puisque l'un est trop souvent le résultat de l'égoïsme et de la cupidité, tandis que l'autre ne peut naître que d'un sentiment généreux et bienveillant qui

---

(1) Fuzier-Hermann et Carpentier, *Répertoire alphabétique*, V° *Assurance*, n° 24.

(2) « L'assurance sur la vie, dit M. Edouard Olivier, a pour objet de supprimer l'aléa qui existe toujours dans la réalisation du produit du travail de l'homme et de remplacer par une somme d'argent, le capital humain qui disparaît à la suite d'une mort prématurée. » Edouard Olivier, *De la nature du contrat d'assurance sur la vie. Ann. de dr. comm.*, 1896, p. 140.

porte le souscripteur à s'imposer des sacrifices annuels pour assurer aux objets de son affection un bien-être et une aisance dont sa mort pourrait les priver (1). »

Depuis cette époque la validité du contrat d'assurance sur la vie a été formellement reconnue par la doctrine et la jurisprudence.

Dès 1863, M. l'avocat général Onofrio défendait ainsi devant la Cour de Lyon la validité de ce contrat : « Le contrat en vertu duquel une compagnie d'assurances s'engage, moyennant une prime annuelle payée pendant la vie de l'assuré, à payer au jour du décès de ce dernier une somme déterminée, est parfaitement licite. C'est un contrat aléatoire qui a beaucoup d'analogie avec la constitution de rente viagère, tout en agissant en sens inverse. Dans la constitution de rente viagère, j'achète une rente qui doit durer jusqu'à mon décès, en payant immédiatement un capital. Dans l'assurance sur la vie j'achète un capital payable à mon décès en payant une rente pendant ma vie. L'un est l'acte de l'égoïste qui veut bien vivre et augmenter son revenu aux dépens du capital de son hoirie, l'autre est l'acte de l'homme prévoyant et tendre qui augmente le capital de son hoirie en retranchant de son revenu.

« Personne ne peut trouver à redire à un pareil contrat, et j'ajoute que c'est celui qui paraît être le plus souvent dans les prévisions des compagnies. Mais au

_____

(1) Avis du Conseil d'Etat, 28 mai 1818.

lieu de stipuler que le capital à payer à son décès, et qui
est l'équivalent de la prime annuelle, sera payé à son
hoirie, l'assuré ne peut-il pas stipuler que ce capital sera
payé à un tiers ? Cela, messieurs, me paraît encore certain (1). »

Aujourd'hui la validité du contrat d'assurances sur
la vie ne fait plus de doute.

La principale difficulté n'est pas de savoir d'ailleurs
si le contrat d'assurance sur la vie est licite et quelles
dispositions du Code civil on lui doit appliquer ; elle
consiste bien plutôt à déterminer les conséquences juridiques du contrat soit au regard du stipulant, soit au
regard du tiers désigné pour bénéficier de la police, soit
au regard de ceux qui ont des droits à exercer contre le
stipulant ou contre le tiers bénéficiaire (2).

Le contrat souscrit, dans quel patrimoine se trouve
le bénéfice de l'assurance, la créance qui, au décès de
l'assuré, si l'échéance a été fixée à cet instant, existera
contre la compagnie débitrice du capital formant le montant de l'assurance ?

A cet égard, la jurisprudence qui a édifié de toutes
pièces un système complet sur les assurances sur la vie,

---

(1) Conclusions de M. l'avocat général Onofrio. Lyon, 2 juin 1863, Dalloz, 1863.2.119.
(2) Nous restreignons notre travail à l'étude de ces difficultés, laissant
de côté les effets généraux du contrat d'assurance dans les rapports entre assureur et assuré. A cet égard il ne peut y avoir de difficulté grave ;
les obligations de l'assureur sont nettement déterminées par le contrat
d'assurance qui constitue un contrat synallagmatique et aléatoire.

distingue entre les bénéficiaires déterminés et les bénéficiaires indéterminés.

Le but de notre étude est de montrer que cette distinction ne se justifie pas, et qu'elle est même en contradiction avec un principe que la jurisprudence a reconnu formellement dans plusieurs décisions, c'est que « le capital assuré ne se forme et ne commence d'exister que par le fait même de la mort du stipulant » (1).

A notre avis, le fait que le capital assuré ne peut naître que par l'événement même du décès du stipulant dérive de ce que le contrat d'assurance qui est destiné à produire ce capital est essentiellement un contrat d'indemnité.

Ainsi que le disait M. de Courcy, il faut un sinistre pour qu'une indemnité puisse être due, c'est le sinistre qui fait naître la créance d'indemnité ; dans l'assurance sur la vie, c'est la mort de l'assuré (2).

C'est de cette observation que nous déduirons l'égalité des bénéficiaires déterminés ou indéterminés quant au droit qu'ils peuvent invoquer sur l'indemnité d'assurance. Etant donné que le capital assuré constitue une indemnité destinée à compenser le dommage résultant d'un sinistre, il nous paraît juste de considérer le moment du sinistre pour apprécier la capacité des béné--

---

(1) Cass., 29 juin 1896, Sirey, 1896.1.361 et les renvois.
(2) De Courcy, *Moniteur des Assurances*, 1875, p. 125 et suiv.

ficiaires et l'intérêt qu'ils peuvent avoir à raison du préjudice qu'il s'agit de réparer.

Reconnaître un droit direct sur le montant de l'assurance aux bénéficiaires indéterminés et en tirer les conséquences, tel est l'objet de notre travail.

Dans un premier chapitre, nous allons déterminer la nature juridique du contrat d'assurance sur la vie ; nous essaierons de démontrer que ce contrat est essentiellement un contrat d'indemnité ; par suite, que l'objet de l'assurance est une chose future dont l'existence est subordonnée à l'arrivée du sinistre ; d'où résulte que la naissance du capital assuré est soumise à une véritable condition et non pas seulement à un terme incertain ; de l'existence de cette condition nous trouverons une preuve formelle dans le mécanisme de l'assurance, enfin nous indiquerons rapidement les conséquences de la nature juridique, du caractère indemnitaire de notre contrat sur le point de savoir s'il y a ou non une libéralité dans l'attribution du capital assuré.

Dans le chapitre II, nous montrerons que le droit d'un bénéficiaire indéterminé sur le profit de l'assurance est un droit de créance né directement sur la tête du bénéficiaire contre la compagnie et qu'à cet égard il n'y a aucune différence à faire entre les bénéficiaires déterminés et les bénéficiaires indéterminés.

Ces divers principes étant fixés, nous étudierons dans un chapitre III, les conflits qui peuvent s'élever entre les bénéficiaires indéterminés d'une indemnité d'assurance.

d'une part, et les héritiers ou les créanciers de l'assuré, d'autre part.

Enfin dans une rapide conclusion, nous résumerons les données principales de notre étude et nous essaierons d'indiquer avec précision les solutions les plus conformes aux principes du droit et à la volonté des parties intéressées.

CHAPITRE PREMIER

DÉFINITION DU CONTRAT D'ASSURANCE SUR LA VIE, SES DIVERSES FORMES, SA NATURE JURIDIQUE, SON MÉCANISME.

§ 1. — Définition du contrat d'assurance sur la vie.

L'assurance sur la vie, a dit M. Paul Pont : « est un contrat par lequel l'assureur s'engage, moyennant une prime annuelle ou une somme fixe, à payer à la personne au profit de laquelle l'assurance est faite, une *indemnité* que la mort de celui dont l'existence est *mise en risque* rendra exigible, et qui consistera, soit en un capital, soit en des annuités (1). »

De cette définition, qui donne une description rigoureusement exacte de l'assurance sur la vie, il résulte que nous retrouvons ici les trois choses essentielles à la formation d'un contrat d'assurance (2):

1° Un risque dont l'assureur se charge ;

2° Une chose assurée qui est exposée à ce risque ;

3° Une rémunération appelée prime (ou coût de l'assurance) que l'assuré paie afin d'obtenir l'engagement de l'assureur de payer une indemnité.

(1) Paul Pont, *Traité des petits contrats,* n° 587.
(2) Lyon-Caen et Renault, *Traité de droit commercial,* t. VI, p. 201.

C'est de l'existence de ces trois éléments que nous allons déduire la nature juridique de notre contrat.

Indiquons auparavant les formes principales des assurances sur la vie.

§ 2. — Diverses formes du contrat d'assurance sur la vie.

a) *Diverses formes du contrat.*

Nous n'étudierons pas longuement les différentes formes que peut affecter l'assurance sur la vie ; ces formes sont des plus variées, mentionnons simplement qu'on peut les diviser en trois classes :

1° Les assurances en cas de décès par lesquelles les compagnies s'engagent à payer, après la mort de l'assuré, un capital ou des annuités en échange de primes viagères ou temporaires que l'assuré aura payées.

2° Les assurances en cas de vie par lesquelles les compagnies s'engagent à payer soit un capital, soit une rente, si l'assuré est vivant après un certain nombre d'années.

3° Les assurances mixtes qui tiennent à la fois des assurances en cas de décès et des assurances en cas de vie ; par ces assurances, les compagnies s'engagent à verser un capital à l'assuré après un certain nombre d'années ou à le verser aussitôt après le décès de l'assuré s'il meurt avant l'échéance de l'assurance (1).

(1) Les assurances mixtes sont, à l'heure actuelle, les plus pratiquées : dans le relevé des opérations de la Compagnie d'Assurances générales en cours au 31 décembre 1893, le montant des capitaux assurés pour la vie entière s'élève à 457.665.034 fr. 31 et celui des assurances mixtes à 215.881.851 fr. 60. *Journal des Assurances*, 1894, p. 317.

Dans ce groupe d'assurances rentrent aussi les assurances à terme fixe par lesquelles les compagnies s'engagent à verser un capital à une époque déterminée, le paiement des primes cessant d'avoir lieu aussitôt que survient le décès de l'assuré.

Ajoutons que les assurances sur la vie peuvent être constituées sur une ou plusieurs têtes et moyennant le versement d'un capital, d'une prime unique, de primes viagères ou temporaires.

Mentionnons deux combinaisons ingénieuses que l'Urbaine a mises en pratique récemment : l'assurance à effets multiples et l'assurance complémentaire.

Par l'assurance à effets multiples, nettement déterminés et exempts de tout aléa, la Compagnie l'Urbaine s'engage :

1° Si l'assuré meurt avant un certain nombre d'années à verser un capital payable immédiatement après le décès ;

2° Si l'assuré est vivant au bout d'un certain nombre d'années, à laisser opter l'assuré entre l'un des trois effets suivants que peut produire le contrat :

1er effet : résilier et toucher comptant une somme déterminée qui est presque double du capital payable après le décès ;

2e effet : rester assuré pour le montant du capital (payable après le décès) sans payer de prime et toucher une somme déterminée qui est presque égale à l'autre ;

3e effet : rester assuré pour le montant du capital sans

payer de prime et recevoir une rente payable par semestre égale à la prime annuelle (1).

Par l'assurance complémentaire de l'assurance en cas
de décès, l'Urbaine, jointe dans ce but à l'Urbaine et la
Seine, compagnie d'assurances contre les accidents,
garantit le service de la prime, en cas d'incapacité temporaire de travail et donne droit au paiement anticipé
du capital assuré, en cas d'incapacité définitive de travail. Nous reviendrons plus loin sur cette espèce d'assurance.

Ainsi que l'a observé M. Édouard Olivier: « Entre
toutes les combinaisons offertes par les compagnies au
public varié qui constitue leur clientèle, c'est l'assurance

---

(1) Pour bien comprendre l'avantage qui peut résulter de cette combinaison, il faut citer les chiffres. Quand un assuré âgé de 30 ans paie une
prime annuelle de 677 francs, la compagnie s'engage à verser à l'assuré
s'il meurt avant 20 années, immédiatement après son décès, un capital
de 10.000 francs ; dans le cas au contraire où l'assuré est vivant à l'expiration des 20 années, il peut opter entre les trois effets indiqués plus
haut :

1er effet : il peut résilier et toucher comptant une somme de 17.213 fr. ;

2e effet : il peut rester assuré pour 10.000 francs sans payer de prime
et toucher une somme de 12.212 francs.

3e effet : il peut rester assuré pour 10.000 francs sans payer de prime
et avoir une rente de 677 francs payable par semestre égale à la prime
annuelle.

Autre exemple : un assuré âgé de 30 ans paie une prime de 415 francs.
S'il meurt avant 25 années, la compagnie paie immédiatement après son
décès un capital de 10.000 francs. Si l'assuré est vivant dans 25 années
il peut à son choix :

1° Résilier et toucher comptant une somme de 11.070 f   nes ;

2° Rester assuré pour 10.000 francs sans payer de p   ne, et toucher
une somme de 5.510 francs ;

3° Rester assuré pour 10.000 francs sans payer de prime et recevoir
une rente de 415 francs payable par semestre égale à la prime annuelle.

pour la vie entière qui est le véritable type original de cette opération. C'est pour elle seule qu'ont été établies directement les tables de mortalité dont on a déduit avec plus ou moins d'exactitude les tarifs des autres combinaisons. C'est d'elle seulement que l'on peut dire que les tarifs sont fondés sur des calculs d'une précision mathématique. C'est elle également que les compagnies recherchent de préférence afin de donner plus de sécurité à la gestion des contrats. C'est donc cette assurance pour la vie entière qui donne à cette institution de prévoyance son véritable caractère (1). »

Dans notre étude c'est l'assurance en cas de décès que nous aurons constamment en vue, nous laisserons de côté complètement l'assurance en cas de vie qui a des caractères particuliers se rapprochant de l'épargne et de la capitalisation ; quant aux assurances mixtes, tout ce que nous dirons pour les assurances en cas de décès s'applique aussi à elles, car les assurances mixtes deviennent purement et simplement des assurances en cas de décès quand l'assuré meurt avant l'échéance indiquée par lui pour toucher son capital (2).

b) *Rédaction de la clause bénéficiaire.*

Les assurances en cas de décès sont stipulées payables à la succession de l'assuré ou à des bénéficiaires de son choix.

_____

(1) Ed. Olivier, De la nature juridique du contrat d'assurance sur la vie. *Annales de droit commercial*, 1896, p. 440.
(2) Cass., 6 février 1888, Sirey, 1888.1.121.

Pour désigner les bénéficiaires du contrat, l'assuré peut dénommer le bénéficiaire : on dit alors que le bénéficiaire est déterminé, ou bien désigner par une formule collective les bénéficiaires qu'il entend gratifier (1).

Quand l'assuré désigne nominativement le bénéficiaire du contrat, il n'y a aucune difficulté ; quelle que soit la formule employée, suivant le but que l'on désire atteindre, le point essentiel est que le bénéficiaire est désigné le jour du contrat personnellement et directement.

Quand l'assuré désigne collectivement les bénéficiaires de son contrat, il y a des distinctions à faire : si l'assuré désigne collectivement des bénéficiaires qui étaient existants au jour où il a passé son contrat, il y a une tendance en jurisprudence, ainsi que nous le verrons, à assimiler cette désignation à celle de bénéficiaires déterminés. Exemple : A mes héritiers, à mes enfants.

Si au contraire l'assuré désigne collectivement des bénéficiaires inexistants au jour du contrat ou dont quelques-uns seulement existaient au jour du contrat, l'assurance est alors considérée comme faite à des personnes futures, incertaines, à des bénéficiaires indéterminés.

(1) Il existe plusieurs brochures sur ce sujet. Nous avons sous nos yeux la brochure de l'Urbaine : 1° de la désignation des bénéficiaires dans les contrats d'assurances sur la vie, 1893, et le commentaire des polices de l'Urbaine ; 2° du bénéfice de l'assurance sur la vie. Instructions pratiques par Dubois, avocat, 1887 ; 3° conditions générales des polices de l'Abeille. Rédaction de la clause bénéficiaire, 1895.

L'exemple le plus célèbre est celui de la formule : *à mes enfants nés ou à naître.*

C'est cette formule surtout qui nous préoccupera dans notre étude.

§ 3. — Nature juridique du contrat d'assurance sur la vie.

Il n'est pas douteux qu'entre l'assureur et l'assuré l'assurance sur la vie constitue un contrat synallagmatique et à titre onéreux.

Mais il y a difficulté sur le point de savoir si ce contrat est aléatoire et s'il constitue une véritable assurance.

On a soutenu que le contrat ne renfermait aucun aléa, soit à l'égard de l'assuré, qu'il met au contraire à l'abri des risques de mort auxquels il était exposé ; soit à l'égard de l'assureur lui-même, puisque, grâce aux données scientifiques sur la durée de la vie humaine, le montant total des capitaux dont le paiement pourra lui incomber, durant telle ou telle période, peut être évalué d'avance avec une précision presque mathématique (1).

Mais il est facile de réfuter ces objections : en effet, si l'opération envisagée dans son objet, dans les conséquences qui en résultent, est exclusive de tout aléa, on ne saurait en dire autant, si on la considère au point de vue des relations juridiques qu'elle établit entre les parties. Son caractère aléatoire apparaît alors de la fa-

(1) Dalloz, *Supplément au Répertoire alphabétique,* V° *Assurances terrestres,* n° 301.

çon la plus évidente : il est manifeste qu'elle implique, pour chacune des parties, une chance de profit ou de perte ; car suivant que la vie de l'assuré se prolongera plus ou moins longtemps, elle sera plus ou moins avantageuse, soit à l'assureur, soit à l'assuré (1).

Or, d'après l'article 1964 du Code civil, on entend par contrat aléatoire : « une convention réciproque dont les effets, quant aux avantages et aux pertes, soit pour toutes les parties, soit pour l'une ou plusieurs d'entre elles, dépendent d'un événement incertain ».

Cette définition s'applique certainement à notre contrat, par conséquent nous pouvons affirmer que l'assurance sur la vie constitue, comme les contrats d'assurance admis par le Code civil (art. 1964) un contrat aléatoire (2).

Ce qui montre bien que le contrat est aléatoire, c'est qu'il n'est pas permis aux parties de modifier par leur fait les chances de perte ou de gain qui peuvent résulter du contrat. C'est ainsi que l'article 8 des polices de l'Urbaine contient la disposition suivante : Si l'assuré perd la vie par suite de duel ou de suicide conscient, l'assurance est résiliée comme à l'article précédent (cet article 7 vise les risques de voyage dans des zones dangereuses) (3). Il en est de même en cas de guerre,

---

(1) Dalloz, *Suppl. Rép. alph.*, V° *Assur. terr.*, n° 304.

(2) La Cour d'Amiens a même décidé que l'assurance sur la vie constitue entre les parties contractantes (l'assureur et l'assuré) un contrat essentiellement aléatoire. Amiens, 8 mai 1888, Sirey, 1889.2.177.

(3) L'article 8 ajoute que, si les bénéficiaires invoquent l'inconscience de l'assuré, ils devront en fournir la preuve.

quand l'assuré devient marin, et aussi quand l'assuré perd la vie par l'exécution d'une condamnation judiciaire ou par le fait du bénéficiaire du contrat (art. 9, 10, 11, polices de l'Urbaine).

L'assuré n'a pas le droit de détruire volontairement la chose assurée. C'est un principe d'équité qui n'est contesté par personne en assurances. Il suffirait à justifier l'article 8, s'il n'était pas obligatoire pour les compagnies par le texte même de leurs statuts et s'il ne correspondait pas à des prescriptions morales d'ordre public.

Cependant, depuis longtemps, l'Urbaine a pris l'initiative d'établir une distinction bien marquée entre le suicide conscient et celui que l'on peut attribuer à une altération intellectuelle ou à un accès de fièvre chaude. Une pareille préoccupation de sa part prouve son désir de ne se soumettre à ses statuts que dans la limite où ils ne méconnaissent pas des irresponsabilités indiscutables (1).

Notre contrat présente donc, sur ce point, une analogie avec l'assurance ordinaire, mais cela ne suffit pas pour savoir si l'assurance sur la vie est une véritable assurance, un véritable contrat d'indemnité. Pour répondre à cette question il faut rechercher si ce contrat aléatoire réunit les éléments essentiels de tout contrat d'assurance.

(1) *Commentaire des polices de l'Urbaine*, p. 21.

F. — 2

Ces éléments essentiels à la validité d'une assurance quelconque sont les suivants :

1° Le risque ;

2° La chose assurée ;

3° La rémunération à payer à l'assureur à l'effet de faire naître son obligation de payer l'indemnité.

Nous allons examiner successivement ces trois éléments du contrat d'assurance sur la vie.

1° Il faut que le contrat couvre un risque, c'est-à-dire un danger menaçant les choses assurées, et contre lequel l'assuré cherche une garantie dans le contrat d'assurance (1).

Certains auteurs ont soutenu qu'il ne pouvait y avoir un risque dans l'assurance sur la vie ; car le risque, a-t-on dit, est un danger possible, une éventualité préjudiciable susceptible de se produire ; or la mort est fatale, elle surviendra toujours.

Une pareille objection ne doit pas nous arrêter : sans doute la mort viendra nécessairement, mais la date où le décès se produira est incertaine ; il y a *incertum*

(1) Le mot risque a plusieurs sens. Il signifie l'événement futur et incertain dont l'assuré veut éviter les conséquences dommageables ; l'éventualité fâcheuse contre laquelle l'assuré entend se faire garantir ; la chance défavorable plus ou moins grande courue par l'assureur, le degré de probabilité en ce qui concerne l'arrivée et l'intensité du sinistre. Ch. de la Prugne, *Traité*, p. 44 et 45. En prenant le mot risque dans le sens de sinistre à craindre, on doit dire que le risque est un élément essentiel à l'existence de l'assurance, c'est-à-dire qu'il n'y a pas d'assurance possible là où il n'y a pas de chance défavorable à courir ; puisque l'assurance a précisément pour but de mettre l'assuré à l'abri de l'éventualité du sinistre, il faut bien que cette éventualité existe. *Pandectes françaises*, V° *Assurance*, n°° 115 à 121.

quando,alea comportant *periculum*, c'est-à-dire éventualité d'événement aléatoire dommageable (1). C'est là un
événement suffisant pour constituer un risque susceptible d'assurance (2).

Ainsi que le dit M. Dumaine, pour expliquer l'existence du risque dans le contrat d'assurance en cas de
décès : « En examinant attentivement le contrat d'assurance sur la vie, on reconnaît sans peine qu'il s'applique généralement à un cas fortuit, bien précis, présen-
tant toutes les conditions voulues pour constituer un
risque assurable. Ce risque consiste, à notre avis, en ce
que l'individu sur la tête duquel l'assurance repose,
celui, comme dit Paul Pont, « dont l'existence est mise
en risque ». peut venir à mourir avant ceux auxquels
sa vie est utile. La mort d'une personne avant celle
d'une autre, voilà un événement fortuit bien caractérisé,
et cet événement fortuit sera dommageable si le survivant éprouve un préjudice de la mort du premier. Tel
est le risque auquel l'assurance sur la vie a pour but
de faire face (3). »

Dans l'assurance sur la vie, le risque c'est la mort
prématurée, c'est la disparition, par le décès de l'assuré,
du capital qu'il représente à l'égard de sa famille ou de
ses ayants cause.

(1) Defrènois, *Traité pratique du contrat d'assurance sur la vie*,
n° 3.
(2) Couteau, n° 191.
(3) Dumaine, *Du contrat d'assurance sur la vie en droit civil et en
droit fiscal*, p. 67.

En principe, suivant Gallus, quatre éléments constituent le risque :

1° La somme assurée ;

2° La durée de l'assurance ;

3° La plus ou moins grande probabilité du sinistre;

4° Son degré probable d'intensité.

Dans une assurance sur la vie, la somme assurée est
le plus souvent fixée dans le contrat.

La durée de l'assurance est la période pendant laquelle l'assureur est tenu de payer l'indemnité si le sinistre se réalise. C'est l'année qui est prise comme unité
de temps.

La probabilité du sinistre est fixée par la statistique ;
elle consiste dans la probabilité de mourir dans l'année
de l'assurance ; elle s'accroît avec l'âge de l'assuré, car
la proportion de mortalité augmente avec l'âge (1).

Étant donné que l'assurance sur la vie est toujours
considérée comme faite pour une année et que la perte
est toujours totale, le risque pour l'année d'assurance
est donc le produit de deux facteurs :

1° Le montant de l'assurance qui se trouve d'ailleurs
indiqué dans le contrat ;

2° La probabilité du sinistre qui est indiquée par la
proportion de la mortalité (2).

Bien que l'année soit prise comme unité de durée

_____

(1) En ce sens, on dit que le risque est progressif.
(2) Supposons qu'il s'agisse d'une assurance en cas de décès conclue
pour une somme de 20,000 francs sur la tête d'un homme de 30 ans. A cet

dans les assurances sur la vie, très souvent le contrat d'assurance est fait pour un certain nombre d'années, c'est-à-dire que l'assureur s'engage à prolonger l'assurance autant qu'il plaira à l'assuré. Comment, dans ce cas, déterminer la grandeur du risque pendant la durée contractuellement fixée ou pendant la durée possible de l'assurance?

Le risque-total que prend l'assureur à sa charge se compose de l'ensemble des risques particuliers de chaque année. Il n'y aurait donc ici aucune difficulté si les trois éléments constitutifs de ces risques restaient les mêmes; mais il n'en est pas ainsi dans beaucoup de cas.

L'assureur devra, dans ces cas, au commencement de chaque période annuelle de l'assurance, évaluer le risque d'après ses nouveaux éléments.

Dans tous les cas l'obligation de l'assureur restera conditionnelle et aléatoire ; il n'est donc pas douteux qu'il y ait un risque dans l'assurance sur la vie.

2° Il est de l'essence du contrat d'assurance, qu'il y ait un objet, c'est-à-dire une ou plusieurs choses soumises à des risques (1).

___

âge la probabilité de mourir dans l'année est de 11 0,0. Le risque que l'assureur prend à sa charge est de :

$$20.000 \times \frac{11}{100} = 220 \text{ '}$$

Voyez sur tous ces détails, Ch. de la Prugne, *Traité*, p. 46 à 48.

(1) Le contrat d'assurances suppose donc l'existence de la chose assurée qui en fait l'objet, au moment où il est formé. Fuzier-Hermann et Carpentier, V° *Assurances (en général)*, n° 222 (article de M. Lefort).

Il n'est pas douteux qu'il y ait un objet dans l'assurance sur la vie, mais il y a controverse sur le point de savoir quel est cet objet.

D'après certains auteurs, l'objet, la chose assurée, serait un capital, le capital, que l'assuré espérait acquérir et épargner jusqu'à son décès si la mort lui en laissait le temps.

C'est en ce sens que M. Labbé disait : « le danger contre lequel je suis prémuni est celui de ne pas vivre assez longtemps pour être à ma mort en mesure de transmettre à autrui une somme suffisante d'économies accumulées (1). »

L'assurance en cas de décès, dit encore M. Herbault, est un contrat d'assurance dont l'objet est la réalisation d'un capital déterminé, réalisation garantie contre le risque d'une mort prématurée (2). Le véritable objet de l'assurance en cas de décès, c'est de garantir contre le risque d'une mort prématurée la formation d'un capital voulu. Voilà la véritable cause du contrat, la cause déterminante.

Les partisans de cette opinion ajoutent que la difficulté d'apprécier la valeur véritable de la vie humaine est telle que cette observation suffirait à leur point de vue à repousser le système qui veut en faire l'objet du contrat (3).

(1) Labbé, note dans Sirey, 1877. 1.393.
(2) Herbault, *Des assurances*, p. 39.
(3) Fuzier-Hermann et Carpentier, *Répertoire alph.*, V° *Assurance sur la vie*, n° 113.

M. Mornard et M. Dumaine soutiennent au contraire que la chose assurée est la valeur même que représente l'assuré (1).

« Une vie humaine, pour toutes les personnes qui en tirent un profit matériel, est un véritable capital, dit M. Dumaine. Telle est, notamment, la vie du père de famille, dont le travail fait vivre les siens ou ajoute aux revenus patrimoniaux un appoint indispensable. Telle est, enfin, toute vie rendue productive par le travail : elle représente un capital réel, dans le sens économique du mot, capital souvent très important mais qui sera anéanti par la mort. La famille à laquelle ce capital vivant procure ses moyens d'existence est menacée chaque jour de voir disparaître la principale et quelquefois l'unique source de ses revenus : elle court un risque considérable. C'est à ce risque que l'assurance sur la vie a pour but de faire face. Elle offre le moyen d'atténuer le préjudice matériel que la mort d'une personne fera éprouver à une autre personne ; comme toute autre assurance, elle remplace une valeur par une valeur (2). »

Ainsi pour les uns la chose assurée est le capital équivalent à la valeur de l'individu, pour les autres le capital équivalent aux sommes que l'assuré aurait acquises et épargnées si la mort ne l'avait pas surpris.

Dans les deux opinions, il n'est pas contesté que

(1) Mornard, *Des assurances sur la vie*, p. 157 et 158.
(2) Dumaine, *op. cit.*, n° 28, p. 65.

l'assurance sur la vie contient un objet assuré, et c'est le point essentiel à constater.

Ajoutons qu'à notre avis, l'objet du contrat, ce n'est pas la vie de l'assuré, mais la réparation du dommage que son décès peut causer.

Ainsi que le remarquait M. Augustin Cochin : « on n'estime pas la vie, mais le tort causé par la mort » (1).

La seule difficulté, dit M. Couteau, pourrait consister à fixer l'importance du dommage, l'indemnité à allouer, mais la convention librement consentie l'a fait par avance et elle doit être la loi des parties. Elle offre toute garantie puisque le capital assuré n'est pas fixé d'une façon arbitraire, mais correspond exactement aux primes à payer.

3° Nous avons vu qu'il y avait un risque et une chose assurée dans le contrat d'assurance sur la vie. Nous allons rechercher maintenant s'il contient le troisième élément essentiel du contrat d'assurance : la prime (2).

La prime est le coût de l'assurance (article 332, C.

(1) *Travaux de l'Académie des sciences morales et politiques*, t. 73, p. 324.

(2) Les assurances sur la vie peuvent être mutuelles ou à primes ; ceci importe peu, nous le verrons plus loin, car les assurances à primes n'en sont pas moins organisées sur les bases d'une mutualité scientifiquement organisée, mais, dans tous les cas, l'assuré verse une rémunération du service qui lui est rendu, et c'est en échange de cette rémunération que l'assureur s'engage à payer, après le sinistre, le montant de l'indemnité destinée à compenser le risque. Ce que nous cherchons, c'est à savoir si une rémunération est réservée à l'assureur, nous parlerons toujours de primes dans nos explications parce que les assurances sur la vie sont surtout faites par les compagnies d'assurances à primes.

com.).Pothier l'appelle le prix du risque (1) dont l'assureur se charge, *suscepti periculi pretium* (2).

Il ne peut donc pas y avoir d'assurance sans prime.

Ceci est d'ailleurs l'application d'un principe général d'après lequel :

Dans les contrats commutatifs ou aléatoires, la cause de l'obligation de l'une des parties consiste dans la prestation promise par l'autre.

Ainsi que le font remarquer MM. Aubry et Rau : « La théorie de la cause, en ce qui concerne ces contrats, se rattache donc à celle de l'objet. Quand il s'agit de l'objet des conventions, on envisage en elle-même et isolément la prestation due par chacune des parties ; quand on s'occupe de la cause, on apprécie les prestations respectivement dues par les contractants en les opposant l'une à l'autre (3). »

Or l'assurance sur la vie apparaît certainement comme un contrat aléatoire, à titre onéreux et synallagmatique ;

_____

(1) Le risque est ainsi la contre-partie de la prime, et la prime a été justement définie le prix des risques, prix déterminé non seulement par la valeur du risque, mais encore par la concurrence et qui, en tout cas, doit être de nature à compenser les pertes qui arrivent communément, à payer les frais d'administration et à rapporter un profit tel qu'on aurait pu le tirer d'un capital égal employé dans un commerce ordinaire. Adam Smith, *Richesse des nations*, liv. I, ch. 10.

(2) Pothier, *Traité du contrat d'assurance*, nᵒˢ 1, 2 et 82. « L'assurance, dit Pothier, est un contrat par lequel l'un des contractants se charge des risques, des cas fortuits auxquels une chose est exposée, et s'oblige envers l'autre contractant à l'indemniser de la perte que lui causeraient ces cas fortuits, s'ils arrivaient, moyennant une somme que l'autre contractant lui donne, ou s'oblige à lui donner, pour le prix des risques dont il se charge. »

(3) Aubry et Rau, § 315, note 4, t. IV, p. 321.

par suite l'obligation de l'assureur est la cause de l'obligation de l'assuré ; bien qu'il y ait une chance de gain et de perte de part et d'autre consistant dans la réalisation plus ou moins proche du risque, deux obligations réciproques se produisent ayant chacune un objet différent :

L'objet de l'obligation de l'assureur se confond avec la chose assurée, c'est-à-dire le capital promis, l'objet de l'obligation de l'assuré consiste dans le paiement de la prime (1).

Il y a donc une prime, et non seulement le contrat d'assurance sur la vie contient une prime, mais, de plus, il est admis d'une façon incontestable que la police d'assurance sur la vie n'a d'effet et même d'existence qu'après le paiement de la première prime et que la prime doit être acquittée d'avance.

L'article 2 des polices de l'Urbaine contient en effet la disposition suivante :

« La prime annuelle doit être acquittée d'avance.

« La police n'a d'effet qu'après le paiement de la prime de la première année, ou de la première fraction de cette prime, si elle est stipulée payable par fractions.

« Si le paiement ci-dessus n'a pas été effectué, dans un mois de la date de la police, il pourra être refusé par la compagnie, et le contrat ne sera pas lié. »

L'assuré paie d'avance le prix de son assurance comme

(1) Fuzier-Hermann et Carpentier. V° *Assurance sur la vie*, n° 100.

un acheteur qui paie comptant le prix de l'objet qu'il achète.

L'exigence du paiement préalable se justifie par ce fait que le risque ne peut être couru à découvert ; la prime sert en effet à la formation du fonds commun qui permet de servir les indemnités (1). Si la prime n'était pas payée d'avance, il y aurait à la fin de l'année (nous avons dit, en effet, que l'année avait été choisie comme unité de durée des assurances), d'un côté, des indemnités dues à raison du nombre des personnes assurées, et, d'autre part, des insolvables refusant ou hors d'état de payer leurs primes. Or il est essentiel que le nombre des indemnités à acquitter soit proportionnel, non pas aux assurés, mais bien aux primes payées ; c'est la conséquence de ce fait que les primes servent en partie à composer les indemnités. Tout concourt à établir que l'assureur n'est en droit de se considérer lié pour l'engagement qui lui incombe que lorsqu'il a reçu la contre-partie de son obligation, la prime (2).

La responsabilité de l'assureur n'est engagée d'ailleurs que pour une année ; en échange de la prime d'un an qui lui est payée, l'assureur prend le risque à sa charge et s'engage à payer une indemnité si le décès survient dans l'année.

Pour les années ultérieures, sa responsabilité n'est

(1) Lefort, *Traité*, t. I, p. 149 et 150.
(2) Lefort, *Traité*, t. I, p. 154 et 155.

pas engagée ; elle ne le sera que si l'assuré veut de nouveau s'assurer.

Il est de règle en effet que le paiement des primes est
facultatif pour l'assuré (1) ; celui-ci peut, à son gré, continuer ou cesser ses versements (2). L'assureur, de son
côté, contracte simplement l'obligation de recevoir ces
versements si l'assuré veut les faire et de devenir annuellement assureur au fur et à mesure que l'assuré
aura manifesté sa volonté.

Mai s'il continue ses versements, il y a une condition
nécessaire pour la continuation de son contrat, c'est que
la prime soit payée d'avance.

« L'assureur est, si je puis parler ainsi, dit M. Dumaine (3), un marchand d'assurance qui s'engage à vendre
son assurance année par année, à mesure qu'on le paiera
comptant. Il est lié par cette promesse dès la signature
de la police ; mais comme il faut le concours de deux
volontés pour la perfection du contrat, la promesse d'assurance se réalisera et deviendra une assurance ferme
successivement, année par année, à mesure que l'assuré

---

(1) La signature du contractant au bas de la police ne constitue qu'un
acte d'adhésion aux conventions stipulées, mais elle ne contient aucun
engagement de payer les primes. *Commentaire des polices de l'Urbaine*,
p. 9.

(2) Si l'assuré cesse de payer les primes, l'assurance sera résiliée (article 3, police de l'Urbaine). L'assurance résiliée ne conserve aucun effet
si la résiliation arrive avant que trois annuités n'aient été payées (art. 7,
police de l'Urbaine); elle est réduite dans le cas contraire (article 5 même
police).

(3) Dumaine, n° 21, p. 38.

paiera le prix annuel de l'assurance, c'est-à-dire la prime. »

L'obligation de payer d'avance la prime s'impose pour le motif que nous avons indiqué plus haut (1), c'est que jamais le risque ne doit être couru à découvert (2).

Il en résulte que le paiement préalable de la prime est toujours nécessaire à la formation du contrat d'assurance sur la vie : il n'est donc pas douteux que la prime soit un élément essentiel de notre contrat.

Nous avons ainsi constaté qu'il y avait dans l'assurance sur la vie :

1º Un risque : la mort prématurée (3) ;

2º Une chose exposée à ce risque : le capital assuré (4) ;

3º Une rémunération de l'assureur : la prime (5), c'est-à-dire les trois éléments essentiels à l'existence d'une assurance.

Nous avons vu en outre que l'assurance sur la vie est un contrat essentiellement aléatoire (6) comme toute assurance (art. 1964, C. civ.).

(1) Voir page 27.
(2) Nous lisons dans l'article 2 de la police de l'Urbaine : Le paiement des primes, autres que la première annuité ou fraction de cette annuité, étant toujours facultatif, sous réserve de l'application de l'article 4, la police ne continue à avoir d'effet que si la prime ou la fraction de prime a été acquittée à l'échéance fixée, ou, au plus tard, avant l'expiration des délais fixés à l'article suivant (trente jours) qui sont laissés à l'assuré pour manifester sa volonté d'acquitter ou non ladite prime ou portion de prime.
(3) Voir plus haut, page 18.
(4) Voir plus haut, page 21.
(5) Voir plus haut, page 24.
(6) Voir plus haut, p. 15.

Il paraît donc certain que l'assurance sur la vie est un véritable contrat d'assurance, ayant les mêmes éléments. le même but et les mêmes effets.

Or quel est le but de l'assurance en général? L'assurance envisagée d'une manière générale est destinée à procurer la réparation des conséquences dommageables qu'un événement fortuit peut entraîner soit pour la personne soit pour les biens (1).

Le but essentiel de toute assurance est donc de donner une indemnité, c'est-à-dire un avantage destiné à compenser la perte que le sinistre fait subir (2).

Quel est aussi le but d'une assurance sur la vie?

C'est d'indemniser une personne à laquelle l'assuré s'intéresse du préjudice que pourra lui occasionner sa mort prématurée (3).

« Si elle n'a pas la prétention de réparer la perte irréparable de la vie d'une personne chère, si elle ne tarife pas ce qui n'a pas de prix, l'assurance sur la vie pèse

(1) Chaufton, *Les assurances*, I, nᵒˢ 1 et 107.

(2) Par le contrat d'assurance, l'assureur doit s'engager à payer, en cas de sinistre, une somme qui prend le nom d'indemnité. Il est de l'essence du contrat que cette indemnité soit promise ; si elle n'était pas stipulée, la convention perdrait son caractère pour devenir un simple contrat de bienfaisance de la part de l'assuré au profit de l'assureur, puisqu'il y aurait prestation de l'assuré sans contre-partie de la part de l'assureur.

D'après la jurisprudence cette indemnité n'est pas la représentation de la valeur de la chose assurée, mais bien la compensation de la prime annuelle payée par les assurés à l'assureur. Cass., 20 décembre 1859, Sirey, 1860.1.24 ; Douai, 3 janvier 1873, Sirey, 1873.2.274.

(3) Les assurances sur la vie des hommes sont des conventions qui garantissent les individus des préjudices que leur décès peut occasionner à leurs créanciers et à leur famille. Dalloz, *Rép. alph.*, Vᵒ *Ass. terr.*, nᵒ 310.

les intérêts pécuniaires blessés ; elle leur porte un sou-
lagement et guérit leurs souffrances ; elle répare le préjudice que causera la disparition de celui qui, par son
activité, son travail, subvenait aux nécessités d'une
famille (1). »

Plusieurs cours d'appel ont reconnu, dans diverses
espèces, que le capital assuré représente, pour le bénéficiaire de l'assurance, une indemnité (2) et par conséquent que l'assurance en cas de décès constitue certainement un contrat d'indemnité.

Cette opinion a cependant soulevé quelques critiques.

M. Deslandres affirme que « si l'assurance n'était rigoureusement un contrat d'indemnité, c'est-à-dire un
contrat n'ayant pour but que de réparer le préjudice
éprouvé, de substituer à une valeur perdue une valeur
absolument égale, le montant de l'indemnité stipulée
de la Compagnie devrait décroître avec l'âge de l'assuré. Suivant M. Deslandres, le fait que l'assureur
paie toujours la même indemnité, montre bien que
l'assurance, telle qu'elle est pratiquée, n'est pas un
pur contrat d'indemnité, car, suivant les âges où elle
arrive, la mort a des conséquences pécuniaires bien
différentes... La Compagnie ne devrait payer qu'une
très faible indemnité quand la mort vient frapper un

---

(1) Lefort, t. 1, p. 180.
(2) Aix, 24 mars 1886, *Journ. des Ass.*, 1886, 480 ; Besançon, 8 mars
1887, *Journ. des Ass.*, 1887, 133.

assuré auquel l'âge a enlevé toute force, et, par suite,
toute valeur économique. Or l'assureur paie autant si
l'assuré meurt en pleine force ou s'il meurt à la dernière
limite de la vie » (1).

On peut objecter encore que très souvent l'assuré est
riche : le plus souvent c'est un propriétaire, un rentier
qui vit largement de ses revenus. La mort ne devant
occasionner qu'une perte sans importance dans son
patrimoine, peut-on dire que l'opération qu'il passe
ait un caractère indemnitaire (2).

On objecte enfin que la fixation du chiffre d'une indemnité compensant exactement un pareil dommage est
des plus difficiles et que très souvent l'indemnité pa-
raîtra bien supérieure au préjudice subi par les ayants
cause de l'assuré, à la perte réelle qu'ils auront subie.
Or pour que l'assurance soit réellement un contrat d'indemnité, il faut, dit-on, que l'indemnité reste dans la
limite de la valeur pécuniaire que représente la vie de
l'assuré.

Ces divers arguments n'ont aucune valeur à nos yeux :
nous croyons au contraire et nous affirmons que *l'assu-*
rance en cas de décès, quelque soit l'âge de l'assuré, quelle
que soit sa fortune, quel que soit le montant du capital
assuré, est toujours un contrat d'indemnité.

Nous allons essayer de justifier cette affirmation.

Nous disons d'abord que, quel que soit l'âge, quelle

(1) Deslandres, thèse, p. 48, 49, 50.
(2) Sirey, *Rép. alph.*, V° *Assurance sur la vie*, n° 94.

que soit la fortune de l'assuré, sa mort cause toujours une perte qui justifie amplement, quelle que soit son importance, la stipulation d'une indemnité.

Ainsi que l'a fait observer M. de Courcy : « La mort du chef de famille amène toujours des besoins immédiats d'argent comptant. Il faut payer les frais funéraires, proportionnés à la fortune et qui sont souvent une lourde charge ; il faut payer les droits de mutation, les frais judiciaires, les honoraires des médecins et des notaires (1) ; il faut acquitter quelques legs à de vieux serviteurs, souvent quelques fondations pieuses, habituellement quelques dettes, les fortunes les mieux ordonnées étant rarement sans un certain passif ; il faut payer des soultes pour combler les inégalités des lots dans les partages. Enfin les enfants dispersés, fondant des établissements distincts, doivent acheter des mobiliers et faire d'autres avances. Ainsi se révèlent de grands besoins d'argent.... une assurance qui procurerait un capital disponible de 20, 30, 50.000 francs ou davantage suivant les besoins prévus, serait donc un bienfait et un acte méritoire de sollicitude paternelle (2). »

Ces inconvénients apparaissent plus nettement quand le défunt laisse une succession embarrassée, des affaires en cours, une liquidation difficile exigeant la plus

---

(1) On peut faire observer que les frais judiciaires, les frais funéraires et de dernière maladie, les fournitures de subsistances constituent des créances privilégiées (art. 2101, 2° et 3°) ; c'est donc que le législateur les considère avec faveur.

(2) De Courcy, *Précis*, p. 43 à 45.

grande prudence pour être menée à bien ; mais, même
dans le cas où il s'agit d'une succession excellente, d'affaires avantageuses au règlement facile, d'une liquidation simple et sans embarras, la mort de l'assuré, surtout sa mort prématurée, occasionnera toujours un préjudice, car la mort d'un homme n'occasionne pas seulement un préjudice pécuniaire direct dont l'importance
peut être plus ou moins grande, mais elle occasionne
aussi très souvent des préjudices d'une autre nature
dont il y a lieu de tenir compte.

Parfois l'indemnité trouve sa source et sa raison
d'être dans la dette alimentaire dont le défunt était ou
pouvait être tenu envers les bénéficiaires (1).

Les enfants étant tenus d'une dette alimentaire envers
leurs parents, les père et mère d'un individu qui subvenait aux besoins de ses parents et qui meurt prématurément, ont un intérêt juridique suffisant pour recevoir,
au moyen d'une indemnité, réparation du préjudice
éprouvé par eux. La réciproque est aussi vraie pour les
enfants.

Et ce n'est pas seulement le préjudice pécuniaire à
réparer, ce n'est pas seulement la perte de la créance
alimentaire à compenser, qui peuvent justifier l'existence d'une indemnité dans notre contrat ; il peut se
faire que l'assuré veuille assurer l'exécution d'une obligation naturelle et dans ce cas encore l'existence d'une

(1) Comparez Rouen, 24 février 1894, Sirey, 1897.2.25. Voyez art. 205,
C. civ. ; art. 1er, C. inst. crim.

indemnité se justifiera certainement ; cette indemnité aura pour effet de compenser le dommage qui pourrait résulter de la mort prématurée venant mettre un terme à l'exécution de ces obligations naturelles.

La Cour de cassation vient de décider qu'une assurance peut être souscrite en garantie d'une obligation nulle ; elle a jugé que la nullité de l'obligation antérieure ne saurait entraîner la nullité de l'assurance régulière en elle-même et pouvant exister indépendamment de l'acte d'emprunt auquel elle devait servir de garantie ; elle a décidé que l'*assurance*, en tant que contrat d'indemnité, trouvait une cause légitime et suffisante dans l'obligation naturelle du prodigue envers son prêteur (1).

Or ce qui vient d'être jugé pour une classe d'obligations naturelles n'est-il pas susceptible d'être appliqué à toutes les autres ?

Les obligations à la fois naturelles et civiles à l'origine, auxquelles le législateur a, par des motifs d'utilité sociale, retiré le droit d'action, ne sont pas les seules obligations naturelles qui existent.

Une autre classe d'obligations simplement naturelles comprend les devoirs qui, fondés sur une cause juridique de nature à engendrer au profit d'une personne contre une autre, un droit à une prestation déterminée, seraient légitimement et rationnellement susceptibles de devenir l'objet d'une coercition extérieure, mais que le

(1) Cass., 9 mars 1896, Sirey, 1897, 1.225 et la note de M. Esmein.

législateur n'a pas jugé convenable de reconnaître comme
obligations civiles (1).

Parmi ces obligations MM. Aubry et Rau citent le
devoir des père et mère de pourvoir à l'établissement de
leurs enfants par mariage ou autrement.

Ils invoquent comme argument la combinaison des
articles 204, 1438 et 1439, et ils ajoutent : « si le législateur n'avait pas considéré les père et mère comme étant
tenus, en vertu d'une obligation naturelle, à pourvoir à
l'établissement de leurs enfants, il n'aurait pas songé à
refuser à ceux-ci toute action pour poursuivre l'accomplissement de ce devoir » (2).

MM. Aubry et Rau citent encore, comme obligation
naturelle : le devoir qui incombe aux proches parents
autres que ceux indiqués aux articles 206 et 207, de
fournir, dans la mesure de leurs facultés, des aliments
à leurs parents légitimes ou naturels qui se trouvent
dans le besoin.

Dès lors, ne peut-on pas dire que le père de famille,
soutien de sa femme et de ses enfants, doit être considéré comme se libérant d'une dette naturelle en pour-
voyant à leur avenir au moyen d'une assurance ? Et cette
assurance où apparaît si nettement l'idée d'indemnité
n'a-t-elle pas, suivant l'expression de la Cour de cas-

---

(1) Aubry et Rau, § 297, t. IV, p. 8.
(2) Aubry et Rau, § 297, note 8, t. IV, p. 6. Pour justifier leur opinion
MM. Aubry et Rau invoquent le rapport au tribunat par Duvergier et le
discours prononcé par le tribun Siméon au Corps législatif.

sation, une cause légitime et suffisante dans cette obligation naturelle?

Ainsi que le dit M. Dumaine : « Il paraît certain qu'un père qui ne possède que des revenus viagers et qui craint de mourir avant d'avoir pu mener jusqu'au bout l'œuvre de l'éducation et de l'établissement de ses enfants, peut se considérer comme moralement tenu de contracter une assurance sur la vie au profit de ceux-ci. Sans doute la mort rompt l'obligation légale imposée par l'article 203 du Code civil ; mais le père de famille qui se préoccupe à juste titre de l'avenir des siens est fondé à penser que, du moment où l'institution des assurances sur la vie permet de compléter ce qu'il ne pourra peut-être pas faire lui-même, son devoir l'oblige à y avoir recours. Dans ces conditions, et s'il énonce dans la police d'assurance le mobile auquel il entend obéir, il semble qu'on pourra dire, conformément à la doctrine de M. Demolombe, que l'assurance ainsi contractée n'est que l'exécution d'une obligation naturelle. »

L'assurance sur la vie apparaît donc comme un contrat d'indemnité, non seulement quand la mort prématurée cause un préjudice matériel, lorsque cette mort prématurée fait cesser une créance alimentaire, lorsque l'assuré a voulu garantir par l'assurance ou exécuter une obligation naturelle ; ce n'est pas tout, nous devons ajouter que le caractère indemnitaire subsiste encore

_____

(1) Dumaine, ch. IV, n° 33, p.78.

même quand le bénéficiaire peut invoquer un simple préjudice moral, un intérêt d'affection.

Il convient en effet de tenir aussi compte de l'intérêt purement moral, et même d'un intérêt d'affection ; la privation pour la famille de l'assistance, de l'appui d'un père, d'un fils, d'une femme, engendre une obligation (1) suffisante pour servir de cause à une indemnité.

Le dommage matériel peut être plus ou moins faible, insignifiant même, le dommage pécuniaire dérivé d'une créance alimentaire ou d'une obligation naturelle, le dommage moral, le dommage dérivant d'un intérêt d'affection peut n'exister que d'une manière dubitative, il n'en est pas moins vrai qu'il y a un dommage et que ce dommage suffit pour servir de base à une indemnité, pour donner à notre contrat essentiellement le caractère d'un contrat d'indemnité.

Reste à établir que l'assurance en cas de décès n'est pas une spéculation. Pour repousser cette idée, on peut d'abord soutenir que l'indemnité ne sera jamais excessive, l'appréciation d'un préjudice moral ou d'affection étant trop difficile à faire. Cette appréciation peut d'ailleurs dépasser le préjudice matériel, étant donné surtout que, suivant l'observation très juste de MM. Lyon-Caen et Renault : « Le principe selon lequel l'assurance est un contrat d'indemnité signifie que l'assuré ne doit pas, au moment du contrat, rendre, en cas de sinistre,

_____
(1) Angers, 9 août 1872, Dalloz, 1872.2.338.

sa situation meilleure qu'au cas où le risque ne se réaliserait pas. » Mais que cependant : « l'idée même d'indemnité, comme le prouve l'article 1149 du Code civil, paraît impliquer que celui qui a droit à être indemnisé, reçoit une somme d'argent représentant, non seulement ses pertes (*damnum emergens*), mais aussi les gains ou bénéfices dont il a été privé (*lucrum cessans*) (1). »

En outre, il faut le remarquer, la compagnie apprécie le risque avant de s'en rendre responsable, il n'y a pas de surprise pour elle ; si elle estime que le capital assuré dépasse le préjudice éventuel que peut causer la mort prématurée de cet assuré, elle n'a qu'à refuser la proposition d'assurance ou ne l'accepter qu'après réduction ; elle manquerait de loyauté si, après avoir perçu des primes élevées, elle chicanait ensuite sur la valeur de la chose assurée.

On ne saurait donc méconnaître que l'assurance sur la vie constitue, comme toute autre assurance, *un contrat d'indemnité*, en d'autres termes qu'il y ait pour objet la réparation d'un dommage. Sans doute, il peut arriver que le contrat soit conclu dans un but de spéculation, en vue de réaliser un bénéfice. Mais c'est là une hypothèse exceptionnelle contraire à la nature, à l'objet essentiel de l'institution. Cet objet, comme le dit très justement M. de Courcy (2), n'est autre que d'indemniser ceux qui survivent du préjudice d'argent

(1) Lyon-Caen et Renault, *Traité*, t. VI, p. 220.
(2) De Courcy, *Précis de l'assurance sur la vie*, p. 3.

qu'une mort prématurée leur fait éprouver, et tel est, incontestablement, dans la très grande majorité des cas, le but que se propose le preneur d'assurance (1).

Si nous affirmons ainsi que le capital assuré constitue une indemnité destinée à compenser pécuniairement :

Soit une perte pécuniaire,

Soit la cessation d'une créance alimentaire,

Soit l'impossibilité d'exécution d'une obligation naturelle,

Soit un préjudice moral,

Soit même un intérêt d'affection,

C'est que, à l'occasion d'autres difficultés analogues à celle-ci, nous voyons ces divers intérêts servir de base à une indemnité et donner naissance à une action destinée à la réclamer en justice.

C'est ainsi que pour donner une base juridique à la disposition de l'article 1121 du Code civil, d'après laquelle : la stipulation pour autrui est valable lorsque telle est la condition d'une stipulation que l'on fait pour soi-même, ou lorsqu'elle est la condition d'une donation que l'on fait à un autre, et justifier la jurisprudence qui décide que le contrat d'assurance sur la vie, lorsque le bénéfice en est attribué à une personne déterminée, comporte essentiellement l'application de cet article 1121, certains auteurs concluent que, dans les cas prévus par l'article 1121, la promesse faite au profit du

(1) Dalloz, *Supplément au Répertoire alph.*, V° *Assurances terrestres*, n° 304.

tiers présente pour le stipulant un intérêt pécuniaire. Mais la jurisprudence est allée plus loin et la Cour de cassation a formellement posé en principe « qu'en stipulant pour soi, on peut stipuler en même temps pour un tiers, lorsqu'on a un intérêt direct et immédiat, fût-il même purement moral, à cette stipulation (1) ».

Dans son rapport sur l'affaire qui a donné lieu à l'arrêt de la Cour de cassation du 8 février 1888, M. le conseiller Dareste a invoqué en ces termes le profit moral de l'assuré pour justifier l'application de l'article 1121 : « On peut toutefois se demander si l'article 1121 est bien applicable à une assurance contractée exclusivement au profit d'un tiers. En effet l'article 1121 dit expressément que la stipulation pour autrui est valable lorsqu'elle est la condition d'une stipulation que l'on fait pour soi-même. Mais peut-être penserez-vous que l'on stipule encore pour soi-même, alors même que le capital assuré est exclusivement payable à un tiers, pourvu que le stipulant ait, dans cette combinaison, un intérêt appréciable ; or n'y a-t-il pas pour le père de famille, un intérêt évident à assurer l'avenir de sa famille, celui de ses enfants ? En le faisant, n'acquitte-t-il pas une dette ? N'acquiert-il pas sa libération ? N'assure-t-il pas sa tranquillité ? (2) ».

(1) Cass., 30 avril 1888, Sirey, 1800.1.407.
Le profit moral résultant des avantages faits aux personnes désignées suffit pour constituer un intérêt personnel dans le contrat. — Cass., 16 janv. 1888, Sirey, 1888.1.127.
(2) *La Loi*, 8 avril 1888.

C'est ainsi encore que pour donner une base juridique à l'action en dommages-intérêts qui peut être intentée à la suite d'un accident mortel, les mêmes intérêts peuvent servir de base à une indemnité et donner naissance à une action en justice (1).

Quand un ouvrier meurt à la suite d'un accident, tous ceux qui peuvent subir, par suite de cette mort, un préjudice matériel ou moral, peuvent intenter une action en dommages-intérêts (2).

La Cour de Rouen, il est vrai, a voulu soutenir que l'obligation alimentaire était la base unique des dommages-intérêts réclamés dans ce cas (3).

Mais cet arrêt a fait l'objet de justes critiques de la part de M. Lacoste, professeur à la Faculté d'Aix.

Sans doute, dit M. Lacoste, la dette alimentaire mérite tout particulièrement la protection du législateur, mais pourquoi le dommage relatif à cette dette serait-il le seul dont ceux qui ont souffert de la mort de la victime par suite du délit ou du quasi-délit pussent demander réparation ? Tout préjudice matériel, même quand il ne se rattache pas à l'obligation alimentaire, est incontestablement susceptible d'évaluation pécuniaire. Supposons que le défunt, tout en n'étant pas tenu de l'obliga-

---

(1) Sur cette intéressante question, M. Lacoste, professeur à la Faculté d'Aix, a publié dans le Recueil de Sirey une longue note dont nous allons donner une analyse détaillée.

(2) Cass., 20 juin 1863, Sirey, 1863.1.321.

(3) Rouen, 24 février 1894. Arrêt critiqué par M. Lacoste, professeur à la Faculté d'Aix. Note dans Sirey, 1897.2.25 et suiv.

tion alimentaire, subvient en totalité ou en partie à l'entretien de son frère ; celui-ci peut réclamer des dommages-intérêts pour le préjudice matériel que lui fait subir la mort de son frère (1). Un dommage matériel peut même motiver une action de la part d'une personne étrangère à la famille du défunt (2). Ainsi, par exemple, le défunt avait recueilli chez lui un ami et subvenait à son entretien ; nous croyons que cet ami peut réclamer le montant des aliments qui lui font défaut par suite du délit ou du quasi-délit. De même, comme le remarque Demolombe (3), un associé privé de son associé qui était le chef et l'âme de l'entreprise a droit à la réparation du préjudice, peut-être considérable, qui a été pour lui la conséquence du fait illicite (4).

Ce n'est pas à dire d'ailleurs, observe M. Lacoste, qu'un préjudice matériel quelconque autorise notre action en dommages-intérêts. Il faut que le dommage éprouvé par le conjoint, les parents ou les autres personnes soit un préjudice sérieux : *de minimis non curat prætor*. Il faut aussi que le dommage soit la suite immédiate et directe du fait illicite. Ce principe posé dans l'article 1151 du Code civil, n'est pas spécial aux conventions.

Toutes les fois qu'il y a dommage matériel, M. La-

---

(1) Tribunal de Lyon, 21 juin 1892, Sirey, 1894.2.22. Voir aussi Douai, 23 décembre 1892, Sirey, 1894.2.22.

(2) Alger, 23 mai 1892, Sirey, 1894.2.62.

(3) Demolombe, *Traité des contrats et obligations*, t. VIII, n° 675.

(4) Lacoste, note dans Sirey, 1897.2.25.

coste affirme, le juge doit pouvoir condamner l'auteur
du fait illicite au paiement d'une somme d'argent, qui
sera l'équivalent exact de la perte éprouvée. Aussi le
texte de l'article 1382 du Code civil est-il très large ; il
exige la réparation du dommage causé par un fait délictueux quelconque ; en d'autres termes, il exige d'une
manière très générale la réparation du dommage causé
par un fait délictueux. Et l'article 1383, également
conçu en termes qui n'ont rien de restrictif, consacre le
même principe pour les quasi-délits.

Cette action en dommages-intérêts doit même être
accordée à tous ceux qui peuvent invoquer un préjudice
purement moral.

La Cour de cassation, dans les considérants d'un arrêt
du 20 février 1863, attribue une large portée à l'article 1382 du Code civil. Cet article, « en ordonnant, dit-
elle, en termes absolus la réparation de tout fait quelconque de l'homme qui cause à autrui un dommage ne
limite en rien ni la nature du fait dommageable, ni la
nature du dommage éprouvé » (1).

Il est vrai que, dans l'affaire qui était soumise à la
Cour suprême, la discussion n'avait pas roulé sur l'intérêt d'affection ; il n'est donc pas certain que les considérants aient visé même cet intérêt.

Mais depuis, un arrêt de la Cour de cassation de Belgique et quelques arrêts de Cour d'appel ont décidé for-

----

(1) Cass., 20 février 1863, Sirey, 1863.1.321.

mellement que l'intérêt d'affection pouvait servir de fondement à l'action en dommages-intérêts (1).

La plupart des auteurs considèrent aussi cette lésion comme suffisante pour rendre l'action recevable.

Cette opinion, il est vrai, n'est pas admise sans difficulté et quelques auteurs la repoussent en se fondant sur cet argument principal, c'est que la douleur morale n'est pas susceptible d'évaluation pécuniaire ; l'estimation qui en serait faite serait donc nécessairement arbitraire ; une condamnation aux dommages-intérêts prononcée de ce chef aurait en réalité le caractère d'une peine.

M. Laborde d'autre part, voit un obstacle à une indemnité fondée sur cet intérêt dans la difficulté de fournir la preuve de l'affection que le demandeur ressentait pour le défunt ; d'après M. Laborde, la preuve de l'existence ou du degré de cette affection, qui est un sentiment tout personnel, ne pourrait se faire que par le témoignage même de la personne qui l'invoque ; or on ne peut pas se créer de titre à soi-même (2).

Mais ces arguments ne sont pas suffisants pour refuser une action en dommages-intérêts à la victime d'un préjudice purement moral.

M. Lacoste réfute l'argument de M. Laborde très simplement. Il est évident, dit M. Lacoste, que si le tribu-

---

(1) Bordeaux, 30 novembre 1881, Sirey, 1882.2.183 ; Alger, 23 mai 1892, Sirey, 1894.2.62 ; Cass. Belgique, 17 mars 1881, Sirey, 1882.4. 9.
(2) *Revue critique*, 1894, p. 26 et 27.

nal devait croire la partie sur son affirmation, une condamnation fondée sur l'intérêt d'affection serait inadmissible ; mais le tribunal n'en est pas réduit à rendre
un jugement sur le simple témoignage du demandeur.
L'affection est sans doute un sentiment personnel ; mais
ce sentiment se manifeste, en général, de quelque manière, le juge en saisira les manifestations dont le demandeur pourra être tenu de fournir la preuve. Nous
disons : « pourra être tenu » ; car, entre parents rapprochés, l'affection est le fait ordinaire, et, à moins de circonstances de nature à le faire douter de cette affection,
le juge n'aura pas besoin d'une preuve spéciale pour en
déterminer le degré ; il considérera quelle en est communément la force (1).

Quant à l'argument tiré de ce que le préjudice moral
n'est pas susceptible d'évaluation pécuniaire, il ne saurait mettre obstacle à une réparation.

M. Lacoste convient qu'il y a une grande différence
entre un préjudice matériel et un dommage consistant
dans le chagrin causé à une personne. Le premier,
ayant une valeur pécuniaire, peut être réparé au moyen
d'une somme d'argent, qui sera l'équivalent exact du
tort éprouvé. S'agit-il, au contraire, du chagrin, le préjudice et la réparation ne peuvent pas être ramenés à
une mesure commune ; la seule réparation que, par la
force des choses, on puisse offrir à la personne affligée,

(1) Note dans Sirey, 1897.2.25.

est une condamnation à une somme d'argent ; or le chagrin n'a pas de valeur pécuniaire.

Mais il ne faut pas conclure de là que les dommages-intérêts alloués à raison de la douleur morale vont affecter le caractère d'une peine. Le préjudice éprouvé est d'un ordre plus élevé que la réparation qu'il est possible d'en donner ; à ce titre, une réparation pécuniaire, est plutôt une compensation insuffisante du dommage causé. Au lieu de dire, comme on le fait, que le juge inflige une punition, il serait plus vrai de dire qu'il est impuissant à indemniser pleinement la personne que l'homicide a plongée dans l'affliction (1).

« Nous ne prétendons pas d'ailleurs, ajoute M. Lacoste, que les dommages-intérêts fondés sur la douleur morale puissent être sans limites. Une réparation pécuniaire restera toujours sans doute au-dessous du préjudice éprouvé ; mais, d'autre part, le plaideur qui accorderait trop d'importance à cette réparation d'un ordre inférieur aurait l'air plus préoccupé d'une idée de lucre que de l'atteinte portée à ses affections ; il semblerait spéculer sur sa douleur, et une condamnation dont le chiffre favoriserait cette spéculation serait évidemment choquante. Quant au point de savoir où commence la spéculation, c'est une question dont la solution varie avec chaque espèce, et l'on est obligé de s'en remettre à l'appréciation du juge. Il formera son opinion en exa-

(1) Lacoste, note dans Sirey, 1897. 2. 25.

minant les circonstances de la cause, la situation dans laquelle se trouvait le défunt et celle des personnes entre lesquelles s'élève le débat (1). »

Sans doute l'évaluation du dommage ne pourra échapper au reproche d'arbitraire, mais cette éventualité d'une appréciation arbitraire est-elle de nature à faire refuser toute réparation ? Est-il admissible qu'une réparation soit refusée parce qu'il est difficile, peut-être même impossible d'accorder une réparation exacte ?

Il est évident que l'action ne pourra être intentée par toute personne indifféremment (2).

« Pour que l'action en dommages-intérêts puisse être acceptée, il faut qu'au lien d'affection se joigne un lien de famille. L'affection qui existe ou qui est censée exister entre les membres d'une même famille est, dans la législation, la source de devoirs et de droits importants. Sans parler du mariage, on la trouve à la base de la puissance paternelle, de la tutelle et de notre système successoral ; une action en dommages-intérêts

(1) Voir Cass., Belgique, 17 mars 1881, Sirey, 1882. 4.9.
(2) « Nous avons essayé de démontrer, dit M. Lacoste, que le chagrin causé par un homicide peut motiver à lui seul une condamnation à des dommages-intérêts, nous devons à présent nous demander si toute personne puise dans son affection le droit à une indemnité, si toute personne peut, selon l'expression romaine, *agere causam doloris*. A notre avis, ce droit n'appartient qu'aux parents et au conjoint de la victime. De la part de simples amis, une pareille action ne serait pas recevable. Le défunt pouvait sans doute rencontrer chez eux plus d'affection que chez beaucoup de ses parents ; peut-être même en rencontrait-il plus que chez tel ou tel de ses parents rapprochés ; mais on ne verrait pas sans étonnement un ami réclamer une indemnité à raison de la douleur que lui a causée la mort de son ami. »

s'appuyant sur cette affection est aussi naturelle qu'elle paraîtrait anormale quand il s'agit de l'affection d'un étranger (1). »

Enfin M. Lacoste se demande si l'action en dommages-intérêts fondée sur le préjudice matériel peut être exercée concurremment par tous les intéressés ou bien s'il y a un ordre à observer, et si certains intéressés ne peuvent agir qu'à défaut des autres. Dans notre ancienne jurisprudence, on trouvait en matière de meurtre, une hiérarchie entre les personnes auxquelles appartenait l'action. Mais nous n'en trouvons aucune dans le Code d'instruction criminelle, ni dans le Code civil. L'article 1er du Code d'instruction criminelle est même rédigé en des termes tels qu'on peut y voir un abandon complet de l'ancienne tradition. L'action en réparation du préjudice matériel résultant d'un meurtre peut donc, à notre avis, être exercée concurremment par tous les intéressés ; ils peuvent agir tous en même temps chacun dans la mesure de leur intérêt, et ils ont le même droit en cas de mort par accident (2).

Ainsi, non seulement un préjudice pécuniaire, résultant, soit d'un dommage direct, soit d'un dommage indirect par suite de la cessation de la créance alimentaire, mais aussi un préjudice moral, un dommage ayant pour base un intérêt d'affection, un dommage quelconque en un mot suffit pour permettre l'exercice d'une ac-

(1) Lacoste, note sous Rouen, 21 février 1894, Sirey, 1897.2.25.
(2) Alger, 28 mai 1892, Sirey, 1894.2.62.

tion en dommages-intérêts fondée soit sur l'article 1382, soit sur l'article 1383 du Code civil, et nous l'avons dit, toute personne intéressée peut à son gré et sans ordre de préférence, intenter cette action :

Or si un dommage quelconque peut servir de base à une indemnité et faire naître une action en dommages-intérêts à raison d'un fait préjudiciable, volontaire ou même involontaire, ne peut-il servir de base à une indemnité alors que la volonté des parties a essentiellement pour but de procurer à une ou plusieurs personnes la réparation du préjudice qu'elles souffrent à raison d'un événement malheureux ?

« La seule différence qui existe entre les deux hypothèses consiste dans le mode de preuve, dit M. Dumaine. Dans le décès accidentel on se trouve uniquement en présence d'une obligation résultant du délit ou du quasi-délit (art. 1382 et suiv., C. civ.). Or, en cette matière, la créance n'existe que si le décès a causé un préjudice à autrui. La personne qui se prétend lésée doit établir qu'elle éprouve un dommage ; l'action en paiement de l'indemnité n'appartient qu'à elle et lui est personnelle ; tel est le principe consacré par un arrêt de la Cour de Paris du 15 juin 1868. Dans l'assurance sur la vie, au contraire, il existe une convention qui renferme une stipulation au profit de bénéficiaires désignés, soit nominativement, soit d'une façon générale, les héritiers, par exemple. Ceux-ci n'ont donc pas à faire la preuve de l'existence d'un préjudice ; il leur suffit

DÉFINITION DU CONTRAT 51

de demander l'exécution pure et simple du contrat, tel qu'il a été conçu. La police d'assurance et les pièces justificatives du décès sont les seules preuves qu'ils aient à fournir (1). » Le reproche d'appréciation arbitraire que l'on adresse aux tribunaux quand ils évaluent le dommage résultant d'un intérêt d'affection ne s'applique même pas à notre contrat, car ce sont les parties elles-mêmes qui, dans le contrat, fixent d'un commun accord le montant de l'indemnité qui se trouve ainsi déterminé à forfait par anticipation.

Par conséquent, *à fortiori*, nous le croyons, un dommage quelconque peut servir de base à l'indemnité dérivant de notre contrat, et, à l'inverse, on peut dire qu'il y a toujours un dommage dont la réparation est recherchée, dans le contrat de l'assurance, puisque le plus minime dommage est prévu et que les parties en poursuivent la réparation.

Donc, nous le répétons, quel que soit l'âge de l'assuré, quelle que soit sa situation de fortune, il y a toujours un dommage à réparer. C'est pour cela qu'à n'en pas douter *l'assurance sur la vie est un contrat d'indemnité*; l'indemnité suppose le dommage et le répare (2).

C'est probablement en souvenir de cette règle que les compagnies veillent à ce que l'assuré ne contracte pas plusieurs assurances successives.

(1) Dumaine, chap. V, n° 45, p. 95 et 96.
(2) V. Reboul, L'assurance sur la vie est-elle un contrat d'indemnité ? *Monit. des Ass.*, 15 novembre 1868, p. 109.

Les assureurs demandent toujours, en effet, à ceux qui leur font des propositions d'assurances de déclarer s'ils sont ou non déjà assurés. Mais à l'heure actuelle, on peut affirmer qu'il n'y a pas dans le fait d'être déjà assuré un obstacle à une nouvelle assurance et les compagnies ne prennent plus cette précaution afin que l'ensemble des assurances contractées ne dépasse pas la valeur de la vie assurée, mais plus probablement afin que la solvabilité de l'assuré soit plus certaine et par suite la continuation des versements mieux garantie.

Nous ne nous attarderons pas à réfuter les théories qui veulent faire de notre contrat un pari (1), un placement (2), une convention *sui generis* (3), un contrat de capitalisation aléatoire (4), un contrat aléatoire innommé (5); toutes nous paraissent le résultat d'un examen superficiel de l'extériorité du contrat d'assurance sur la vie.

Nous citerons seulement le système de M. Léveillé, d'abord parce qu'il a été exposé à la Faculté de droit de Paris, en 1871, il est vrai, ensuite parce qu'il nous fournira l'occasion de donner des détails sur une nouvelle

---

(1) Bunyon, *The law of life insurance*, cité par Lefort, I, p. 160, note 4.

(2) Reboul, ch. 8, p. 123.

(3) Glasson, *Eléments de droit français, considéré dans ses rapports avec le droit naturel de l'économie politique*, II, p. 42, note. Adan, *Etude sur la nature du contrat d'assurance sur la vie*, Bruxelles, 1880, p. 49 et suiv.

(4) Labbé, notes dans Sirey, notamment, 1880.1.411.

(5) Deslandres, thèse, p. 48 à 50.

forme d'assurance, l'assurance complémentaire dont nous avons déjà parlé plus haut (1).

M. Léveillé a soutenu en 1871 que l'assurance sur la vie n'était pas une assurance.

« Dans une assurance véritable, l'obligation de la compagnie est conditionnelle. Peut-être naîtra-t-elle, peut-être ne naîtra-t-elle pas, suivant que le risque prévenu se réalisera ou non. Dans l'assurance sur la vie, l'obligation de la compagnie est à terme. Cette obligation est certaine dans son existence, incertaine dans son échéance. Le risque prévu, le décès de l'assuré se produira certainement.

« Les véritables assurances se reconnaissent à un deuxième signe. Elles sont des contrats d'indemnité ; elles comblent une perte ; elles ne doivent pas être l'occasion d'un gain. Le propriétaire ne peut assurer des maisons contre l'incendie pour plus que leur valeur vénale ; il ne doit pas encaisser plus que le sinistre ne lui a enlevé. Dans l'assurance sur la vie rien de semblable. Un chef de famille peut assurer sur sa tête, si les compagnies y consentent, 200,400,600,000 francs. Il n'est plus gêné ici, il n'est plus contenu par une estimation quelconque de valeur, il écrit ce qu'il veut dans la police. Supposons qu'il meurt fatigué, incapable de travailler, sa mort pour ses héritiers, pour ses légataires universels surtout, n'est pas une perte, au sens pécu-

(1) Voir plus haut page 12.

niaire du mot. Est-ce que l'assurance sur la vie inter-
viendra dans ce contrat comme une indemnité? Si l'assurance sur la vie n'est pas toujours et obligatoirement
un contrat d'indemnité, elle n'est pas une assurance (1). »

Nous avons déjà réfuté le premier argument (2), nous
n'y reviendrons pas ; quant au deuxième il n'est pas
plus probant.

Ainsi que le faisait observer M. Olivier (3), cette théorie est spécieuse : les exceptions ne font que confirmer
la règle et la règle est qu'une personne qui disparaît
prématurément est une perte sociale ; car telle personne
qui a perdu son activité peut rendre encore des services
par l'expérience qu'elle a acquise et par l'appui moral
qu'elle peut offrir. D'ailleurs certaines compagnies
s'engagent à payer à l'assuré lui-même le montant de
l'assurance s'il devient incapable d'exercer sa profession. Quand une clause semblable est contenue dans la
police, l'objection de M. Léveillé ne porte pas : car dans
cette hypothèse c'est le contractant lui-même qui touche le capital assuré et non pas sa famille.

Il importe de signaler précisément en ce sens une
combinaison heureuse de l'assurance-vie et de l'assurance-accidents que la Compagnie l'Urbaine-Vie et la
Compagnie d'assurance contre les accidents l'Urbaine et

(1) Léveillé, Rapport sur le concours de doctorat de 1869.
(2) Olivier, *Annales de droit commercial*, décembre 1896, p. 441.
(3) Voir plus haut page 18.

la Seine ont mise en fonction récemment. C'est l'assurance complémentaire de l'assurance en cas de décès,
garantissant le service de la prime en cas d'incapacité
temporaire de travail et donnant droit au payement
anticipé du capital assuré, en cas d'incapacité définitive
de travail.

« Ainsi que son nom l'indique, l'assurance complémentaire appliquée avec le concours de l'Urbaine-Vie.
ajoute aux assurances en cas de décès ce qui leur manquait pour qu'elles répondissent à toutes les éventuali-
tés qui peuvent suspendre ou détruire l'activité de
l'homme. En effet, les assurances en cas de décès ne cou-
vrent que la mort prématurée de l'assuré ; elles ne
tiennent pas compte des maladies, et ne garantissent rien
aux bénéficiaires dans les cas si nombreux d'incapacité
définitive de travail, résultant de l'état de sa santé ou
d'accidents, cas cependant plus désastreux que la mort,
puisqu'ils paralysent la valeur de l'individu, non seulement sans mettre fin aux dépenses nécessaires à son
entretien, mais encore en les augmentant (1). »

Grâce à cette combinaison les maladies ou les accidents ne pourront plus neutraliser l'acte de prévoyance,
de générosité ou de garantie que l'assuré cherchait à
réaliser au moyen de l'assurance en cas de décès.

Les polices de l'Urbaine et la Seine indiquent avec
précision les conditions auxquelles se trouve soumise
cette assurance complémentaire.

(1) Instruction aux agents de la Compagnie l'Urbaine et la Seine
753, février 1896.

Les risques prévus dans les polices et que l'assurance complémentaire a pour but de couvrir, sont :

1° l'incapacité temporaire,

2° l'incapacité permanente,

3° l'incapacité immédiatement définitive.

Aux termes de l'article 7 de la police de l'Urbaine et la Seine :

« *Incapacité temporaire*. — En cas de maladie ou d'accident causant une incapacité complète de travail, ou, du moins, obligation de garder le lit ou la chambre, l'assuré doit en donner avis à la compagnie et fournir à l'appui une attestation détaillée de son médecin.

« De la date de cet avis seulement compteront les délais dont il va être parlé ci-dessous :

« Quarante-cinq jours après l'avis de la maladie ou de l'accident, s'il y a toujours incapacité complète de travail, les primes du présent contrat cesseront temporairement d'être dues, et la compagnie prendra pour son compte, et par douzième, le service de la prime d'assurance en cas de décès, et ce, à partir du jour de l'avis, et tant que durera l'état d'incapacité du malade.

« La prime sera directement versée en son lieu et place par l'Urbaine et la Seine à la Compagnie d'assurances sur la vie l'Urbaine. »

L'article 8 de la même police vise l'incapacité permanente :

« *Incapacité permanente*. — En cas de maladie ou d'accident ayant amené une incapacité permanente et

complète quelconque de travail tels que : « paralysie
d'une moitié du corps ou de la langue ; impossibilité
absolue de faire usage des deux membres supérieurs ou
inférieurs, par le fait soit d'une paralysie, d'une ataxie
prononcée, soit d'une atrophie, soit de rétractions ou
d'ankyloses plaçant ces membres dans une position
vicieuse et irrémédiable ;

« En cas d'affaiblissement des facultés intellectuelles,
perte de la faculté du langage, quand ces phénomènes
seront reconnus être sous la dépendance d'une lésion
des centres nerveux non susceptible de réparation ;

« de cécité complète et incurable,

« d'affections chroniques ayant amené un état de ca-
chexie tel que le malade est définitivement condamné à
l'immobilité ; et dans tous les autres cas semblables
d'incapacité permanente et complète ;

« En cas de surdité complète chez les médecins, d'a-
phonie caractérisée chez les avocats, chanteurs, acteurs
et professeurs, avant l'âge de 55 ans ;

« Et, après deux années de durée, du jour de la constatation, la compagnie versera par anticipation, au contractant, le montant du capital assuré, à la décharge de
l'Urbaine-Vie.

« En cas d'aliénation mentale, et après trois années
du jour de la constatation, la compagnie versera, par anticipation au tuteur du contractant le montant du capital
assuré à la décharge de l'Urbaine-Vie.

« Pour les assurances à terme fixe dont le capital

n'est payable qu'à l'échéance du contrat, le capital résultant de l'assurance complémentaire subira la réduction de l'escompte à 5 0/0 du jour du versement à celui de l'échéance du contrat. »

Enfin l'article 9 de la même police vise le cas où l'incapacité est immédiatement définitive et où le versement du capital doit être fait sans délai.

« *Incapacité immédiatement définitive.* — En cas d'accident ayant amené une incapacité complète et définitive de travail, tel que la perte des deux membres supérieurs, des deux membres inférieurs ou des deux yeux, la compagnie versera immédiatement au contractant le montant du capital assuré. »

Pour participer à cette ingénieuse combinaison, il suffit d'être assuré à l'Urbaine-Vie et de payer annuellement une prime complémentaire dont le montant est fixé, suivant diverses catégories, proportionnellement à la prime de l'assurance-vie.

La prime annuelle de l'assurance complémentaire se calcule à l'aide d'un pourcentage sur le montant de la prime annuelle de l'assurance en cas de décès à laquelle elle est jointe. Ce pourcentage est fixé suivant la profession de l'assuré.

Les professions sont divisées en quatre classes :

Dans la première classe, sont réunies les professions sédentaires : fonctionnaires, officiers ministériels, avocats, magistrats, professeurs, artistes, rentiers, ecclésiastisques, employés d'administrations publiques ou privées, banquiers, négociants ne se livrant qu'à des travaux de bureaux. Pour ces diverses professions le taux de la prime annuelle pour l'assurance complémentaire est de 10 0/0 du montant de la prime si l'assurance est contractée pour la vie entière et de 5 0/0 si l'assurance est mixte, à terme fixe ou à effets multiples.

La deuxième classe comprend les professions non sédentaires : 1° médecins, vétérinaires, inspecteurs et agents d'assurances, voyageurs de commerce, huissiers, marchands ; 2° ingénieurs, agents voyers, architectes, métreurs vérificateurs, chefs d'industrie, directeurs d'usines, entrepreneurs ; en un mot, toutes les personnes ayant une profession non sédentaire, mais ne se livrant pas à une surveillance journalière des travaux. Le taux de la prime complémentaire est de 12 0/0 du montant de la prime annuelle de l'assurance-vie entière et de 6 0/0 si l'assurance est mixte, à terme fixe ou à effets multiples.

La troisième classe comprend toutes les personnes appartenant aux catégories professionnelles indiquées dans le deuxième paragraphe de la classe n° 2, mais qui dirigent et surveillent habituellement les travaux, tels que : piqueurs, contremaîtres, conducteurs de travaux, commis d'architectes, surveillant les chantiers. Le taux de la prime complémentaire est de 16 0/0 si l'assurance principale est contractée pour la vie entière et 8 0/0 si l'assurance est mixte, à terme fixe et à effets multiples.

La quatrième classe comprend les patrons travaillant manuellement ; la prime dans ce cas est de 20 0/0 de la prime due pour l'assurance principale si celle-ci est contractée pour la vie entière et de 10 0/0 s'il s'agit d'une assurance mixte, à terme fixe et à effets multiples.

Il est évident que dans le cas où l'assurance complémentaire est ajoutée à une assurance-vie, l'argument de M. Léveillé n'a plus aucune valeur.

On peut faire observer en outre qu'il en est de même pour l'assurance contre l'incendie ; quand c'est un matériel ancien qui est brûlé dans un établissement industriel, quand c'est une maison vieille et mal bâtie, y a-t-il perte au sens strict du mot? Au contraire, l'indemnité d'assurance permettra à l'industriel de remplacer son matériel ancien par un matériel conforme au progrès de la science, de rebâtir une maison neuve et confortable à la place de la maison vieille et mal bâtie. Dira-t-on cependant qu'il n'y a pas d'assurance? Nul n'oserait le soutenir.

Nous concluons donc en affirmant que le contrat d'assurance en cas de décès est un contrat d'assurance contenant les éléments essentiels d'une assurance (risque, chose assurée, prime), et ayant le même but, celui de procurer une indemnité ; nous le répétons : l'assurance en cas de décès est essentiellement un contrat d'indemnité.

§ 4. — Conséquences du caractère indemnitaire de l'assurance sur la vie.

Du principe que le contrat d'assurance sur la vie est un contrat d'indemnité résultent les deux conséquences suivantes :

1° l'assurance sur la vie, dans les rapports de l'assuré et du bénéficiaire ne constitue jamais une libéralité ;

2° le droit du bénéficiaire à l'indemnité est un droit conditionnel, une chose future.

A. *L'assurance sur la vie contractée au profit d'un bénéficiaire contient-elle une libéralité au profit de ce bénéficiaire ?*

Dans les rapports entre assureur et assuré il est évident que la question ne se pose pas ; le contrat d'assurance est toujours dans ce cas un contrat à titre onéreux, aléatoire et synallagmatique.

[. Mais dans les rapports avec le bénéficiaire, il y a lieu de se demander si l'attribution du bénéfice est ou n'est pas un acte à titre gratuit.

Pour certains auteurs, la question ne peut faire doute : le bénéficiaire qui, sans avoir rien promis ni déboursé, touche le montant de l'assurance, n'est et ne peut être qu'un donataire (1). Sans doute il acquiert un droit personnel et direct contre la compagnie, mais le bénéfice qu'il obtient ainsi, il le doit à la libéralité de l'assuré

(1) Mulle, note dans Dalloz, 1877. 1. 377.

qui a fait la stipulation dont il profite et qui a payé les primes (1).

On invoque à l'appui de cette opinion la loi fiscale de 1875 qui décide que les sommes, rentes ou émoluments quelconques dus par l'assureur à raison du décès de l'assuré sont considérés, pour la perception du droit de mutation, comme faisant partie de la succession de l'assuré (2).

L'un des derniers auteurs qui ont traité la question, M. Edouard Olivier, cherchant à établir la nature de l'acte à titre gratuit dont profite le bénéficiaire, s'est demandé s'il n'y avait pas là une donation entre vifs, un testament, une donation *mortis causa*, ou simplement un don, une libéralité.

Il ne croit pas que cette convention soit une donation entre vifs parce que l'existence du capital assuré ne commence qu'au jour du décès du contractant.

Il ne croit pas non plus qu'il y ait là un testament, car il faut avouer que, jusqu'à présent, on n'avait pas trouvé le moyen de dissimuler un testament sous la forme d'un contrat à titre onéreux.

Cependant, comme le montant de l'assurance forme une petite succession distincte de la succession ordinaire, on pourrait en conclure, dit M. Olivier, que l'attribution de cette petite succession est une sorte de testament et que le bénéficiaire est un véritable légataire.

(1) Baudry-Lacantinerie et Barde, *Des obligations*, t. I. p. 215.
(2) Voir loi du 21 juin 1875, art. 6 ; Sirey, *Lois annotées de* 1875, p. 709.

Mais puisqu'il s'agit d'une succession, n'y a-t-il pas plutôt une donation *mortis causa*? « On ne peut s'empêcher de reconnaître, dit M. Olivier, que, sauf le contrat à titre onéreux qui la dissimule, l'assurance sur la vie entière a beaucoup d'analogie avec la donation *mortis causa*. On en connaît la définition romaine : « *Mortis causa donatio est quœ propter mortis fit suspicionem ; quum quis ita donat ut, si quid humanitus ei contigisset, haberet is qui accipit : sin autem supervixisset is qui donavit, reciperet, vel si eum donationis pœnituisset, aut prior decesserit is cui donatum sit. Hœ mortis causa donationes ad emplum legatorum redactæ sunt per omnia* (1). « On sait qu'il existait également une donation *mortis causa* qui n'était révocable que par le prédécès du donataire et non par le repentir du donateur. Une grave objection pourrait être opposée à cette façon d'interpréter la convention d'assurance sur la vie. On pourrait soutenir que l'article 893 du Code civil, ayant été fait en vue d'empêcher ce genre de donations, le contrat d'assurance sur la vie serait nul. Il est vrai qu'à cette objection nous pourrions faire une double réponse : cette donation *mortis causa* étant dissimulée sous un acte à titre onéreux, les tribunaux qui valident ce genre d'opérations, n'apprécient pas l'acte dissimulé puisqu'à leur égard il est non avenu. En second lieu, le système de la dualité des successions étant admis, la

_____

(1) Livre II, titre VIII, *de donationibus*, § 1.

petite succession formée par le capital assuré échappe à toutes les règles même impératives de notre régime successoral et par conséquent à l'article 893 (1). »

« Mais, ajoute M. Olivier, est-il bien nécessaire d'attribuer à cet acte à titre gratuit une dénomination juridique ? Ne pourrait-on pas le considérer simplement comme un don, une libéralité ? Tel est l'avis adopté avec raison par la Cour de cassation qui a souvent déclaré que l'attribution du bénéfice de l'assurance sur la vie était une libéralité. Une donation qui est soustraite aux formes solennelles édictées par les articles 931 et 932 du Code civil, perd son caractère juridique et devient un simple don (2). »

Résumant, pour terminer, le système qu'il a essayé de fonder sur le véritable fonctionnement de l'assurance sur la vie entière, M. Edouard Olivier déclare que l'assurance est une libéralité déguisée sous la forme d'un contrat à titre onéreux (3).

Dans tous les cas cette donation est dispensée des formes prescrites par le droit commun ; et l'acceptation peut être faite par simple déclaration (art. 1121, C. civ.).

Il y a difficulté seulement, entre les partisans de cette opinion, sur le point de savoir si l'objet de la libéralité consiste dans le capital assuré ou dans le montant des primes.

(1) E. Olivier, *Annales du droit commercial* 1896, p. 453 et 454.
(2) Dalloz, 1893.1.211.
(3) Edouard Olivier, *Annales du droit commercial*, 1896, p. 454.

La Cour de cassation a décidé, dans plusieurs arrêts, qu'il n'y a donation que pour le montant des primes (1).

Mais l'opinion la plus juridique, dit M. Planiol, est que la donation a pour objet le capital assuré (2).M. Planiol justifie son opinion d'une manière assez originale : « Il serait déraisonnable, dit-il, de calculer la donation sur le total des primes : vouloir faire revivre les primes des années passées, c'est comme si on voulait obliger un héritier à rapporter à la succession les billets de loterie qui avaient été pris par le défunt à son intention et qui ne sont pas sortis. Chaque fois que le signataire de la police verse sa prime annuelle, il prend un billet de loterie au nom de son bénéficiaire : il lui donne une chance de gain subordonnée à son propre décès dans l'année. Si ce décès ne survient pas, la chance de gain s'évanouit et le donataire en expectative ne reçoit rien en réalité. Il ne serait pas plus raisonnable de vouloir réduire la donation au montant de la dernière prime payée, celle qui a renouvelé utilement le contrat, l'année du décès. Quand une personne veut faire un cadeau, qu'elle va dans un magasin acheter un objet quelconque et le fait porter au domicile de la personne qu'elle veut gratifier, ce qu'elle donne, ce n'est pas le prix d'achat, mais l'objet vendu par le marchand. Il en est de même dans l'hypothèse de l'assurance au profit d'un tiers : en payant sa dernière

(1) Cass., 28 février 1885, Sirey, 1888.1.130. Cass., 23 juillet 1889,Sirey, 1890.1.5.
(2) Planiol, note dans Dalloz, 1898.1.401. Voyez Dalloz, *Suppl. Rép. alph.*, V° *Ass. terr.*, n° 460.

P.— 5

prime l'assuré a acheté pour le compte du bénéficiaire
une chance de gain qui s'est réalisée. L'assurance en
cas de décès est une loterie dans laquelle la persévérance
du payeur de primes est toujours récompensée tôt ou
tard, la condition *quum moriar* étant d'une réalisation
inévitable. »

Quel que soit d'ailleurs l'objet de la libéralité, il n'en
résulte pas moins qu'aux yeux de ces auteurs il y a libéralité.

Signalons cependant une tendance à s'inspirer des
circonstances pour apprécier le caractère gratuit ou
commutatif de ce contrat ; les juges du fond ont, à ce
sujet, un pouvoir souverain pour décider si un contrat
d'assurance constitue, au profit des bénéficiaires, une
pure libéralité (1).

D'après M. Planiol, il n'y a pas à présumer la libéralité plutôt que l'acte à titre onéreux.

« L'acte juridique qui se cache sous l'attribution à un
tiers du capital d'une assurance en cas de décès n'est
pas déterminé par la seule désignation du bénéficiaire.
Il en est de cette attribution comme d'un versement
d'espèces qui peut être un don, un prêt, un dépôt, le
paiement d'une dette, un cautionnement et d'autres choses encore. La nature de l'opération dépend, soit des
relations antérieures existant entre les parties, soit de
leur commune intention au moment de l'acte (2). »

(1) Cass.. 21 juin 1876, Sirey, 1876.1.400.
(2) Planiol, Dalloz, 1803.1.401 ; Thaller, note sous Besançon, 2 mars
1887, Dalloz, 1888.2.4.

Les juges du fait doivent rechercher, d'après les circonstances, dans quel but et à quel titre la désignation du bénéficiaire a été faite. Leur pouvoir est souverain tant qu'ils se bornent à constater les éléments de fait qui déterminent leur appréciation ou à interpréter les conventions des parties (1).

D'autres auteurs au contraire, M. Paul Pont notamment, ont soutenu que l'assurance sur la vie n'est pas, du souscripteur au bénéficiaire, une pure libéralité, mais une indemnité qui tend à réparer le dommage que la mort de l'un peut causer à l'autre en le privant de sa principale ressource et qu'à proprement parler l'assuré est, non pas celui dont la vie est en risque, mais celui qui, survivant à ce dernier, profite de l'assurance (2).

C'est cette opinion qui nous paraît la plus juridique.

A notre avis, le bénéficiaire ne reçoit aucune libéralité de l'assuré puisque, d'une part, « la somme assurée n'a jamais fait partie du patrimoine de ce dernier (3) », et que, d'autre part, « l'idée d'indemnité exclut celle de libéralité (4) ».

(1) Il se pourrait que l'attribution du capital de l'assurance à une personne déterminée eût été faite à titre de paiement d'une dette, à titre de prêt... auquel cas cette attribution constituerait certainement un acte à titre onéreux. Le juge a un pouvoir souverain d'appréciation pour déterminer le caractère de l'acte.
Voyez Cass., 22 février 1893, Dalloz, 1893.1.401. Baudry-Lacantinerie et Barde, *Des obligations*, t. I, p. 215, note 2.
(2) P. Pont, *Contrats aléatoires*, n° 587.
(3) Trib. de Lyon, 31 janv. 1891, *J. des Ass.*, 1891, 138.
(4) Trib. de Reims, 7 avril 1887, *J. des Ass.*, 1887, 456; Lyon, 1er mai 1888, *J. des Ass.*, 1888, 502; Bourges, 7 mai 1888, *J. des Ass.*, 1888, 480.

Nous savons en effet que le contrat d'assurance peut avoir pour but d'indemniser d'un préjudice quelconque, aussi bien d'un dommage pécuniaire que d'un préjudice moral, d'un simple intérêt d'affection.

Or quand une stipulation pour autrui est faite pour assurer au tiers, désigné à l'effet de recueillir le bénéfice de la stipulation, la compensation pécuniaire d'un dommage, quelle que soit la nature de ce dommage, peut-on dire que cette attribution d'une indemnité couvrant un risque est une libéralité ?

Évidemment non et si, au lieu d'observer l'apparence des choses, on analyse la volonté des parties et les éléments de notre contrat, si l'on se rappelle les principes élémentaires des divisions des contrats et des obligations, il est certain qu'il est impossible de voir une libéralité dans la formation d'une créance indemnitaire au profit de la victime d'un dommage.

Ainsi que l'affirment très nettement et très justement MM. Aubry et Rau : « Lorsque des engagements contractés ou des paiements effectués pour obéir à un simple sentiment d'équité, de conscience, de délicatesse ou d'honneur ont eu pour mobile le désir de réparer un dommage qui ne serait pas imputable à faute, et dont, par ce motif, on ne se trouverait ni civilement ni même naturellement responsable, ils doivent être considérés comme ayant une cause intéressée juridiquement suffisante et rentrent, pour la forme comme pour le fond, plutôt dans la classe des actes à titre onéreux que dans celle des actes de pure libéralité (1). »

On doit donc reconnaître que le simple désir de satisfaire à un sentiment d'équité, de conscience, de délicatesse ou d'honneur, constitue une cause suffisante d'engagements rentrant, pour le fond comme pour la forme, dans la classe des actes à titre onéreux (2).

Par conséquent l'assurance sur la vie contractée au profit d'un tiers dans le but de lui assurer la réparation d'un dommage quelconque, la continuation d'une créance d'aliments ou même l'exécution d'une obligation naturelle, constitue certainement un acte à titre onéreux de la catégorie de ceux dont il est question plus haut et l'attribution de l'indemnité à un bénéficiaire ne peut jamais être une libéralité.

B. *Le droit à l'indemnité est-il conditionnel ou à terme?*

De ce que l'assurance en cas de décès est essentiellement un contrat d'indemnité, il résulte encore que le capital assuré ne peut exister qu'après l'événement du sinistre (3) dont l'assurance a pour but de compenser les conséquences fâcheuses.

C'est au moment seulement où le sinistre survient que la créance de l'assuré contre l'assureur prend naissance (4). Cette créance ne procède pas d'une obligation

(1) Aubry et Rau, § 297, t. IV, p. 11.
(2) Aubry et Rau, § 345, t. IV, p. 322.
(3) Notamment Cass., 29 juin 1896, Sirey, 1896.1.361.
(4) L'assuré avait un bien exposé à un risque et l'a perdu par la cause

de somme antérieurement contractée par l'assureur ;
elle procède du fait même dont l'assureur a consenti à
être responsable: c'est ce fait seul qui engendre la dette ;
elle n'existait pas avant. Ainsi, en matière d'assurance
contre l'incendie, la créance de l'assuré contre l'assureur
ne date que du jour de l'incendie. De même, en matière
d'assurance sur la vie, c'est l'événement du décès, le
sinistre, qui fait naître la créance. Jusque-là, il n'y avait
entre l'assureur et l'assuré qu'une convention par laquelle l'assureur s'était constitué responsable d'un certain fait, le décès, survenant dans les conditions pré-
vues au contrat. Tant qu'un contrat d'assurance est en
cours, la dette de l'assureur n'existe pas plus que
n'existe aujourd'hui la dette qui pourra être demain à
ma charge en vertu de l'article 1382, s'il m'arrive d'occasionner un préjudice à autrui (1).

Partant de là et puisque le sinistre est un événement
futur et incertain, il paraît indiscutable que le droit à
l'indemnité d'assurance est un droit conditionnel.

Ce point a été contesté cependant. On a prétendu qu'il
n'y avait point ici de condition parce que le décès de
l'assuré auquel est subordonnée l'exigibilité du capital
doit certainement arriver, et qu'il s'agissait ainsi d'un
engagement contracté à terme et non sous condition (2).

en vue de laquelle l'assurance a été contractée ; il n'est créancier d'un capital qu'à raison de la perte pécuniaire par lui subie. — Cass.,14 juin
1880, Sirey, 1880.1.312.
(1) Dumaine, n° 20, p. 36 et 37.
(2) Dalloz, *Supp. Rép. alph.*, V° *Ass. terr.*, n° 301.

Le terme est incertain, en effet, dans le cas où il se trouve attaché à un événement qui, quoique devant nécessairement arriver, peut se réaliser à une époque plus ou moins éloignée. Dans ce cas, l'engagement pris par un tiers de payer une somme au moment où un tiers viendrait à décéder constitue un engagement simplement ajourné (1).

Notre contrat donnerait lieu ainsi à l'analyse suivante :

La stipulation pour autrui contenue dans l'assurance sur la vie donne naissance au profit du bénéficiaire à une créance à terme qui naît du contrat et au moment même du contrat mais dont l'exigibilité est retardée jusqu'au jour du sinistre.

Bien que l'indemnité ne puisse naître qu'après le sinistre, le bénéficiaire n'en a pas moins la capacité de déclarer qu'il veut profiter de la stipulation faite à son profit, car l'article 1121 du Code civil le lui permet formellement et la modalité dont la créance indemnitaire est affectée ne s'y oppose pas. Une chose qui peut exister, en effet, quoiqu'elle n'existe pas encore, peut être la matière d'un engagement raisonnable et permis (2) (art. 1130, C. civ.).

Ainsi, dans cette opinion, et c'est l'opinion de nombreux auteurs ainsi que de la jurisprudence, l'obligation de l'assureur serait une obligation à terme incer-

(1) Aubry et Rau, § 303, IV, p. 85.
(2) Colmet de Santerre, t. V, n° 44, p. 54.

tain dont la naissance aurait lieu au jour du contrat et
dont l'exigibilité serait retardée jusqu'au jour du sinistre.

Nous croyons, au contraire, que l'obligation de l'assureur est subordonnée à une véritable condition, l'arrivée du sinistre dans un délai déterminé et que l'obligation de l'assureur n'a pas d'existence avant le sinistre,
ne peut naître qu'au jour du sinistre et par le sinistre.

Pour justifier notre opinion, nous n'invoquerons pas
seulement un principe général d'après lequel tout contrat d'assurance est conditionnel parce qu'il n'est exé-
cutoire qu'à la condition expresse que la chose assurée
subisse un risque et qu'il se trouve résolu dès que la
chose n'est plus en risque (1).

Nous invoquerons surtout les arguments suivants :

1° En admettant même que la modalité à laquelle est
soumis notre contrat soit un terme incertain, il n'est
pas douteux que l'indemnité ne soit une chose future,
c'est-à-dire une chose qui n'existe pas encore mais qui
peut exister. Or, ainsi que le remarque M. Colmet de
Santerre, l'incertitude de l'existence doit naturellement
rendre l'obligation conditionnelle (2).

Ce qui rend ici d'autant plus certaine l'existence d'une
condition, c'est que dans l'assurance-vie le capital ne
prend naissance, l'obligation n'a d'existence qu'au jour
de la mort de l'assuré, et ce terme incertain, la mort,

(1) De la Prugne, *Traité*, p. 44.
(2) Colmet de Santerre, t. V, n° 44, p. 54.

événement incertain quant à son échéance, certain au contraire quant à sa réalisation, suspend ici, non pas l'exécution seulement, mais l'existence même de l'obligation de l'assureur. Il est donc bien certain que, dans l'assurance sur la vie, l'incertitude de l'existence de l'objet doit naturellement rendre l'obligation conditionnelle, l'observation de M. Colmet de Santerre s'applique *a fortiori.* à la stipulation d'une indemnité au profit d'un tiers et l'obligation qui en dérive à la charge de l'assureur est essentiellement conditionnelle.

2° Le mécanisme de l'assurance nous donne une preuve certaine que le droit à l'indemnité constitue un droit conditionnel.

Nous avons dit plus haut, en effet, que le paiement des primes était toujours facultatif et que l'assureur ne restait assureur que si, chaque année, la prime annuelle était versée.

Dans ces conditions, ainsi que l'observe M. Planiol, la dette de la compagnie est plutôt conditionnelle qu'à terme.

« La police représente pour elle une série d'obligations annuelles qui prendront naissance à la volonté de l'assuré par le versement successif des primes, et chacune de ces obligations est subordonnée à la condition du décès de l'assuré dans l'année (1). »

« La condition de survie est ainsi suspensive du droit

(1) Planiol, note dans Dalloz, 1893.1.401.

du bénéficiaire ; ajoutons que ce droit lui-même s'applique à une créance éventuelle qui ne prend naissance qu'à la mort de l'assuré. Il en résulte que la réalisation de la condition de survie ne peut produire, dans l'espèce, aucun effet rétroactif au delà du décès, puisque le bénéficiaire ne peut être saisi d'une créance avant qu'elle n'ait existé : en un mot, la réalisation de la condition et la naissance de la créance résultent d'un seul et même événement qui est la mort de l'assuré (1). »

L'assurance sur la vie nous apparaît donc comme un contrat conditionnel (et la condition a un caractère suspensif, art. 1168 et 1181) : le capital promis par l'assureur est dû non pas seulement si l'assuré remplit ses obligations, mais pourvu que l'événement futur et incertain se produise dans un laps de temps déterminé, c'est-à-dire dans la période couverte par la prime.

Ainsi, les conséquences qui résultent de ce que l'assurance en cas de décès est essentiellement un contrat d'indemnité sont les suivantes :

1° L'assurance sur la vie, dans les rapports de l'assuré et du bénéficiaire, ne constitue jamais une libéralité ;

2° Le droit du bénéficiaire à l'indemnité est un droit conditionnel, une chose future.

§ 5. — Mécanisme du contrat d'assurance sur la vie.

Nous avons dit que l'assurance sur la vie est un contrat aléatoire d'indemnité et que le droit à l'indemnité constitue une chose future, un droit conditionnel.

(1) Dumaine, ch. VI, n° 53, p. 112.

Ce caractère de contrat d'indemnité soumis à une condition apparaît avec la plus grande netteté si l'on tient compte de la volonté des parties contractantes, mais aussi, nous l'avons dit, du mécanisme de l'assurance sur la vie.

C'est dans le but de justifier cette affirmation que nous allons sommairement exposer le mécanisme de notre contrat. ·

D'après l'analyse la plus communément adoptée aujourd'hui (1), dit M. Planiol, l'assurance sur la vie se résout en une série d'assurances annuelles, faites par voie d'association entre les coassurés d'une même compagnie, le montant total des primes annuelles étant réparti entre les ayants droit de ceux qui meurent dans l'année (2).

Par suite la police d'assurance représente pour la compagnie une série d'obligations annuelles qui prendront naissance à la volonté de l'assuré par le versement successif des primes et chacune de ces obligations est subordonnée à la condition du décès de l'assuré dans l'année.

Le contrat peut s'analyser de la manière suivante : l'assureur calcule, suivant la statistique, la probabilité du risque pour une année et il fixe le montant de l'assurance pour cette période (3), l'assuré paie la prime qui

(1) Planiol, note dans Dalloz, 1893. 1.401.
(2) Deslandres, thèse 1889, n°° 25 à 28.
(3) Le statisticien détermine les lois du hasard dans leur généralité ;

lui est demandée à titre de prix de l'assurance, à titre de contre-partie du risque à courir dans le délai d'une année (1).

L'assureur groupe les primes qui lui sont payées, au commencement de l'année, par tous les assurés du même âge, et il les affecte au paiement de toutes les indemnités qui sont dues à raison des sinistres survenus dans l'année aux autres assurés du même groupe. Le total des primes de l'assurance d'un an, déterminées d'après l'âge des assurés du même groupe, doit être égal, théoriquement, aux capitaux à payer pendant l'année (2).

L'assurance sur la vie est ainsi une mutualité gérée la plupart du temps par une société anonyme. Chaque année chaque mutualiste verse à la caisse mutuelle une certaine somme fixée suivant la valeur du risque et l'encaisse, à la fin de l'année, est partagée entre les bénéficiaires. Les opérations étant annuelles, c'est pour ce motif que chaque mutualiste n'est jamais engagé au delà de l'année courante. L'assurance temporaire d'un an est la base de tous les contrats. La comptabilité des

---

l'assureur, en se servant habilement des données de la statistique, détermine la loi du hasard afférente aux cas particuliers qui lui sont soumis. Ch. de la Prugne, p. 46.

(1) La prime se compose de deux éléments distincts : l'évaluation donnée au risque garanti et le chargement.

La partie de la prime qui constitue le prix du risque s'appelle *prime pure* ou *prime nette* ; le chargement est un supplément de prime qui est destiné à faire face aux frais généraux de l'entreprise. — V. Sirey, *Rép. alph.*, V° *Ass.*, article de M. Lefort; Lefort, *Traité*, t.1, p. 149, 150, 176.

(2) Dumaine, ch. II, n° 12, p. 20.

compagnies est établie en vue de clore annuellement toutes les opérations (1).

Mais bien qu'elle serve de base aux opérations des compagnies, il faut reconnaître que l'assurance annuelle est peu pratiquée à cause de ses inconvénients (2).

L'assurance sur la vie est généralement contractée soit pour la vie entière, soit pour un certain nombre d'années, mais le mécanisme reste toujours le même et l'on doit procéder comme s'il s'agissait d'une assurance annuelle.

La somme totale que doit payer le souscripteur d'un contrat d'assurance pour le prix de l'assurance est divisée soit par le nombre d'années fixé pour la durée du contrat, soit par le nombre probable d'années que l'assuré peut avoir encore à vivre : on a ainsi la prime uniforme qui est payée par l'assuré au commencement de chaque année pour renouveler l'engagement de l'assureur.

Il faut bien remarquer que cette prime uniforme an-

(1) Ed. Olivier, *Annales de dr. comm.*, 1896, p. 440. Chaque exercice de chaque gestion comprend une période annuelle. Il est dressé deux ordres de compte : 1° le compte général de la mutualité ; 2° les comptes particuliers de chaque assuré. Dalloz, *Suppl. Rép. alph.*, V° *Ass. terr.*, n° 201.

Le caractère temporaire et annuel des contrats d'assurance sur la vie ainsi que la comptabilité des compagnies démontrent donc que le capital assuré est tiré d'une caisse alimentée annuellement par le versement des primes des co-assurés. Chaque année cette caisse est épuisée par le paiement des sinistres, et au commencement de l'année suivante, les co-assurés versent leurs primes qui sont également partagées pendant le courant de l'année. Ed. Olivier, *Annales de dr. comm.*, 1896, p. 442.

(2) V. à ce sujet Lefort, *Traité*, t. I, p. 151.

nuelle est une prime moyenne : pour la période qui correspond aux premières années elle est supérieure au montant de la prime calculée annuellement ; pour les dernières années, elle est inférieure. Par conséquent, pour la première période, le total des primes versées dépasse de beaucoup le chiffre des sommes destinées à être versées aux intéressés ; il y a excédent ; il en est différemment pour les autres années parce qu'alors la prime moyenne qui jusqu'alors était inférieure au taux de l'assurance temporaire reste au-dessous de ce même taux : il y a insuffisance de recettes. L'écart est compensé au moyen de la réserve qui a été justement définie : « la portion des primes annuelles destinée à parfaire la somme que la différence des âges amènerait dans le taux de la prime (1) » ou, plus simplement, « la portion des primes reçues et mises de côté pour faire face aux risques restant à courir (2) ».

Chaque prime se compose donc :

1° Du prix de l'assurance pour l'année ;

2° D'un excédent qui est mis en réserve au crédit du compte des années ultérieures ; il en résulte que le risque des dernières années du contrat pour lesquelles la prime devait être beaucoup plus élevée est payé au moyen des ressources de cette réserve provenant des paiements déjà effectués, et de primes qui n'augmentent pas malgré la progressivité du risque ; en outre, comme

(1) Couteau, t. I, p. 171.
(2) Lefort, t. I, p. 153 et 154.

ces réserves sont placées à intérêts, les compagnies admettent les assurés qui en font la demande à la participation aux bénéfices dont la principale source se trouve dans le placement avantageux de ces réserves. Les bénéfices étant répartis proportionnellement aux sommes déjà versées, il en résulte que les contrats souscrits depuis longtemps par des assurés devenus vieux profitent d'une répartition plus élevée et par suite la charge de la prime devient pour eux d'autant plus légère.

Nous venons de voir que l'assurance sur la vie, bien que souscrite le plus souvent pour la vie entière, se compose d'une succession d'assurances d'un an : il faut remarquer en outre que l'assurance n'existe que pour l'année dont la prime est payée. Enfin il ne faut pas oublier que pour que le risque ne soit pas couru à découvert il faut toujours que la prime soit payée d'avance. Le contrat se forme *re* eu égard à l'assuré ; *consensu*, au contraire, eu égard à l'assureur.

La première année, à la suite du paiement de la première prime, l'assureur contracte une double obligation: 1° de garantir le risque pendant une année ; 2° de recevoir successivement les primes des années ultérieures et de rester assureur s'il plaît à l'assuré de continuer ses versements.

Il y a donc un engagement ferme pour la première année ; mais pour les années subséquentes, l'assureur ne prend qu'un engagement conditionnel qui consiste dans l'obligation de recevoir les autres primes si l'as-

suré consent à les payer, et de devenir annuellement
assureur, au fur et à mesure que ces primes annuelles
lui seront versées. Cette seconde partie de l'engagement
de l'assurance n'est qu'une promesse d'assurance, susceptible d'être comparée à la promesse unilatérale de
vente (1).

En payant cette prime annuelle, il entend nécessairement que l'assurance produira son effet *s'il vient à
mourir dans l'année.*

L'obligation de l'assureur est ainsi subordonnée à
une double condition :

1° Si la prime est payée d'avance ;

2° Si le décès survient dans l'année.

Quand la prime annuelle n'est pas payée, l'assuré,
dit M. Couteau, ne peut réclamer le paiement anticipé
d'une créance qui n'existe pas. Le capital assuré n'est
pas dû à terme, mais à une condition, à savoir que le
contrat sera continué (2).

Quand l'assuré ne peut plus continuer ses versements,
il peut demander soit le rachat, soit la réduction de son
contrat, du moins quand trois années se sont écoulées
depuis le jour de la signature de la police.

Dans tous les cas subsiste la condition : *si le décès
survient dans l'année.*

Reste à savoir quel est l'effet de cette condition.

Produit-elle un effet rétroactif au jour du contrat ?

(1) Dumaine, chap. III, n° 21, p. 88.
(2) Couteau, n° 408.

Donne-t-elle au droit à l'indemnité, à l'obligation de l'assureur une existence antérieure au décès ?

La plupart des auteurs croient que l'obligation de l'assureur a toujours une existence antérieure au décès dès que la prime est payée, et font rétroagir l'effet de la condition au jour du contrat.

Nous croyons au contraire qu'il ne saurait y avoir aucun effet rétroactif au délai du décès, l'indemnité ne peut naître qu'au jour du sinistre, le bénéficiaire ne peut être saisi d'une créance avant qu'elle n'ait existé ; par conséquent l'obligation de l'assureur ne peut être considérée comme rétroactivement née au jour du contrat, le caractère indemnitaire du contrat s'y oppose, la condition qui résulte du mécanisme du contrat ne peut assurer une rétroactivité qui méconnaîtrait la nature même de ce contrat.

Ce qui est essentiel à remarquer dans tous les cas, c'est que le mécanisme du contrat suppose nécessairement l'existence d'une condition : le droit à l'indemnité est donc bien un droit conditionnel, une chose future.

En résumé nous pouvons définir l'assurance sur la vie : un contrat par lequel l'assuré paie une prime, soit unique, soit annuelle, en échange de laquelle l'assureur s'engage à payer, soit à sa succession, soit à un ou plusieurs bénéficiaires et à titre d'indemnité, un capital destiné à compenser le dommage pécuniaire ou moral qui peut résulter du décès de l'assuré.

L'assurance sur la vie est un contrat aléatoire, l'aléa

consiste dans la chance de l'arrivée plus ou moins pro-
chaine du sinistre ; elle contient de plus les trois éléments essentiels pour constituer une assurance :

Un risque : la mort prématurée ;

Une chose exposée à ce risque : le capital assuré ;

Une rémunération de l'assureur : la prime.

Notre contrat est donc un contrat d'assurance proprement dit dont le but essentiel est de garantir le paiement d'une indemnité.

Étant donné, en effet, que tout dommage résultant
d'un intérêt pécuniaire, moral ou même d'affection peut
servir de base à une action en dommages-intérêts, il
nous paraît certain *a fortiori* que ce dommage est susceptible de devenir la cause d'une convention préserva-
trice destinée à en assurer la réparation.

Nous en avons conclu que l'assurance en cas de décès, quel que soit l'âge de l'assuré, quelle que soit sa
fortune, quel que soit le montant du capital assuré, est
toujours un contrat d'indemnité.

De ce caractère indemnitaire du contrat nous avons
déduit deux conséquences :

1° L'assurance sur la vie souscrite au profit d'un tiers
ne constitue jamais une libéralité ;

2° Le droit à l'indemnité est un droit conditionnel,
une chose future ne pouvant exister qu'après l'événement du sinistre.

De ceci nous avons trouvé une preuve certaine dans
le mécanisme de notre contrat.

Nous avons vu, en effet, que l'assurance sur la vie est une suite d'assurances successives d'une année ; chaque année l'assuré paie le prix de son assurance et l'assureur s'engage à payer une indemnité si le décès survient dans l'année ; le droit à l'indemnité est donc soumis à une condition : le décès dans l'année ; c'est un droit conditionnel.

Ainsi donc :

1° Contrat aléatoire d'indemnité,

2° Contrat contenant une stipulation pour autrui à titre onéreux,

3° Contrat soumis à une condition à survenir dans un délai déterminé,

tels sont les caractères que nous devons reconnaître au contrat d'assurance sur la vie.

CHAPITRE II

Nous avons indiqué dans le premier chapitre que le contrat d'assurance sur la vie était, à raison de sa nature, un contrat d'indemnité; nous en avons déduit que le capital assuré ne peut exister qu'après l'événement du sinistre dont l'assurance a pour but de couvrir les conséquences fâcheuses, en sorte que le droit à l'indemnité ne peut être qu'un droit conditionnel, une chose future, dont le titulaire ne peut être déterminé qu'au jour où le risque est couru et nous avons trouvé une preuve de ce fait dans le mécanisme de notre contrat, nous en avons déduit aussi que l'attribution du bénéfice du contrat à un tiers ne pouvait jamais constituer une libéralité.

Dans ce chapitre II nous voulons montrer comment de ce contrat d'indemnité formé d'assurances annuelles successives, naît un droit direct contre l'assureur au profit de ceux à qui l'assuré veut attribuer le bénéfice du contrat, comment ce droit direct existe aussi bien au profit de bénéficiaires indéterminés qu'au profit de bénéficiaires déterminés, car leur condition est égale, puisque le droit qui naît à leur profit naît au même instant, celui du risque, et que c'est à ce moment seul que se forme le droit au capital assuré, le droit à l'indemnité.

§ 1. — Nécessité de désigner un bénéficiaire de l'assurance sur la vie.

Il est à remarquer qu'il y a dans l'assurance sur la vie, une situation particulière qui distingue ce contrat des autres contrats d'assurance.

Étant donné que l'assurance sur la vie est un contrat d'indemnité, il est nécessaire qu'il y ait une cause dans notre contrat : un assureur, un assuré et un bénéficiaire.

Dans les assurances maritimes et contre l'incendie, on n'a qu'un assureur et un assuré ; la présence d'une troisième personne dans l'assurance sur la vie a été l'origine de toutes les difficultés, parce qu'on a voulu voir dans cette désignation du bénéficiaire une disposition particulière du contrat : rien n'est moins exact, dit M. Dumaine. Quand j'assure ma maison contre l'incendie, je l'assure à mon profit ; mais. quand j'assure ma vie, je ne puis l'assurer à mon profit puisque c'est précisément ma mort qui est le sinistre prévu. Il faut donc forcément que je l'assure au profit d'un autre que moi-même, et quel sera cet autre si ce n'est la personne à qui, dans mon appréciation, ma mort causera un préjudice ? Ainsi il est de l'essence même d'une véritable assurance en cas de décès que l'indemnité soit payée à

une personne déterminée. Dès lors la désignation du
bénéficiaire fait partie intégrante du contrat; elle n'en
forme pas une disposition particulière ; et cela est si
vrai que le stipulant n'aurait souscrit aucune assurance
s'il ne lui avait pas été permis de la souscrire au profit
de la personne qu'il avait en vue. Comme dans l'assurance maritime ou l'assurance contre l'incendie, le contrat ne renferme donc qu'une seule convention, consistant dans la stipulation d'une indemnité au profit de la
personne à qui le sinistre sera préjudiciable (1).

Il pourrait arriver, ceci peut se produire quand une
assurance mixte se transforme en une assurance en cas
de décès, que l'assuré n'ait pas désigné de bénéficiaire :
dans ce cas ce sont ses héritiers désignés par la loi suivant l'ordre présumé de ses affections, qui recueilleraient
l'indemnité issue du contrat.

Quand le bénéfice du contrat est stipulé au profit de
l'assuré lui-même, ce sont les règles ordinaires des
obligations synallagmatiques qui sont applicables et les
effets du contrat, limités entre les deux seules parties
contractantes, sont fixés par les termes mêmes du contrat.

Mais le plus souvent l'assuré désignera un ou plusieurs bénéficiaires du contrat. Quand il y a ainsi désignation d'un ou de plusieurs bénéficiaires, l'assuré a
fait lui-même une sorte de justice distributive ; il dé-

(1) Dumaine, ch. IV, n° 36, p. 80 et 81.

signe à l'avance ceux qui, à ses yeux, pourraient, à la
suite de sa mort, éprouver un préjudice soit moral soit
matériel et qui, en compensation de ce préjudice, devraient recevoir l'indemnité que l'assureur a promis de
payer.

Dans ce cas on voit bien que, d'après la volonté des
parties, le but du contrat est de mettre à la charge de
l'assureur l'obligation de verser directement entre les
mains du bénéficiaire l'indemnité compensant le préjudice survenu à la suite du décès, indemnité dont l'assuré a fixé le chiffre d'accord avec l'assureur et moyennant une rémunération annuelle.

Il en résulte que le capital assuré, l'indemnité ne peut
naître qu'au moment du sinistre.

Jusqu'au sinistre, entre l'assureur et l'assuré, il y a,
de la part du premier, en échange d'une prestation de ce
dernier, une promesse de prendre à sa charge la responsabilité du dommage causé par un sinistre éventuel.
Quant au bénéficiaire, il n'a ni droit ni action et il ne
saurait en avoir, puisqu'il n'y a aucun objet pouvant
faire l'objet d'un droit

Dès que le sinistre arrive, la situation change, la per-
sonnalité de l'assuré disparaît, la responsabilité de l'assureur naît, son obligation a un objet et cette obligation
est désormais une obligation d'indemnité au profit du
bénéficiaire.

Il en résulte encore que le bénéficiaire, aussitôt saisi
de sa créance d'indemnité, doit avoir une action pour

contraindre l'assureur à lui payer le capital assuré.

Ceci n'est pas contesté ; mais il y a difficulté quand il s'agit de déterminer contre qui l'action de ce bénéficiaire pourra être intentée ; pour répondre à cette question, il faut rechercher dans quel patrimoine va tomber le bénéfice de l'assurance aussitôt qu'il est né.

Étant donné le caractère indemnitaire du contrat, il semble nécessaire de répondre que ce bénéfice, constituant essentiellement une indemnité, ne peut être attribué qu'à ceux qui subissent un préjudice par suite du décès de l'assuré.

Cette solution est certainement conforme à la volonté des parties et à la nature du contrat.

M. Dumaine analyse très bien le fait juridique qui s'accomplit : « Je puis charger un banquier, après lui avoir remis la provision nécessaire, de payer à un tiers un capital déterminé. Cette opération se pratique tous les jours au moyen du chèque ou de la lettre de change. De même lorsque je contracte une assurance sur la vie, je charge l'assureur de payer à un tiers, lors de mon décès, un capital déterminé, en versant à cet assureur comme provision une certaine somme annuelle, appelée prime, sur le montant de laquelle nous nous sommes mis d'accord (1). »

Voilà toute la convention, ajoute M. Dumaine. Est-il besoin d'essayer de la rattacher à quelque disposition

_____

(1) Dumaine, ch. IV, n° 37, p. 83.

du Code civil? On n'en trouvera aucune qui lui corres-
ponde exactement. L'article 1134 suffit, à notre avis,
pour valider le contrat.

Cette solution serait d'autant plus justifiée que, ni le
Code civil, ni le Code de commerce n'ont prévu l'assurance sur la vie et qu'aucune disposition de ces Codes
ne s'applique directement à notre contrat. Il serait donc
logique de laisser aux tribunaux le soin de trancher
toutes les difficultés qui pourraient être soulevées à l'occasion de notre contrat, en cherchant à interpréter la
volonté des parties souveraine en cette matière, toutes
les fois qu'elle ne porte pas atteinte à un principe d'ordre public.

Plusieurs systèmes ont été successivement proposés
cependant pour déterminer juridiquement les droits des
bénéficiaires.

Voici les principaux :

1° La théorie de l'offre, en vertu de laquelle la stipulation pour autrui contiendrait d'abord une acquisition
du bénéfice du contrat pour le stipulant, puis une offre
de celui-ci au bénéficiaire : il y aurait dans ce cas-là une
transmission de droit et non une création de droit. Ce
système est complètement abandonné aujourd'hui.

2° La théorie de la gestion d'affaires, dans laquelle le
stipulant ferait l'affaire du bénéficiaire en contractant
avec le promettant ; il suffirait par suite de la ratification de la gestion par le bénéficiaire pour créer rétroactivement un droit direct au profit de ce bénéficiaire.

Cette théorie, que la jurisprudence admet dans les assurances contre les accidents, pour justifier le droit direct des ouvriers contre l'assureur de leur patron, a été défendue par M. Labbé, qui, d'ailleurs, en subordonnait l'application au cas où, d'après la volonté des parties, l'assurance pouvait contenir en réalité une gestion d'affaires : le système de M. Labbé n'était donc pas aussi absolu qu'on l'a prétendu souvent. M. Labbé invoquait cette gestion d'affaires pour justifier deux effets de la stipulation pour autrui qu'il ne croyait pas pouvoir justifier autrement : 1° la rétroactivité de l'acceptation du bénéficiaire au jour du contrat ; 2° la faculté d'accepter le bénéfice du contrat même après la mort du stipulant.

Mais cette théorie de la gestion d'affaires a été critiquée d'une manière générale et elle n'est plus défendue aujourd'hui.

M. Levillain a montré la contradiction qu'il y aurait à voir une gestion d'affaires dans un contrat où le gérant resterait seul débiteur des obligations dérivant de ce contrat, même après la ratification de l'opération par le bénéficiaire au nom de qui le gérant a traité (1).

On peut remarquer encore que l'assuré n'est pas lié par la désignation d'un bénéficiaire qu'il fait dans le contrat, mais qu'il peut à son gré transporter le bénéfice de ce contrat à un autre sans être tenu par cette nouvelle désignation tant que le bénéficiaire n'a pas déclaré vouloir profiter de l'offre qui lui est faite.

(1) Note de M. Levillain, Dalloz, 1879.2.26.

3° Pour expliquer cette rétroactivité de l'acceptation du bénéficiaire et la faculté qui lui est accordée d'accepter le bénéfice du contrat même après la mort du stipulant, M. Thaller a proposé de voir, dans la stipulation pour autrui, une offre faite au profit du bénéficiaire, mais par le promettant et non plus par l'assuré. Cette théorie est ingénieuse, mais elle ne tient pas compte du caractère indemnitaire de notre contrat et par suite présente les mêmes inconvénients que les autres.

4° Théorie de l'engagement unilatéral. La créance du bénéficiaire naît directement de la convention même, quoiqu'il n'ait pas été partie à celle-ci. L'engagement de l'assureur s'est formé sans que le futur créancier fût partie au contrat. Le contrat qui, par lui-même, lie le promettant au stipulant, renferme en quelque sorte en soi une déclaration unilatérale du promettant, laquelle le lie au tiers. Cette volonté se rattache à un contrat. Elle n'engendre un lien obligatoire que parce qu'elle est la condition d'un contrat ; sans ce support elle serait impuissante, mais elle n'en est pas moins unilatérale (1).

Cette théorie a été rejetée parce qu'elle paraît contraire aux traditions de notre ancien droit ; elle paraît d'ailleurs ne pas rendre un compte exact de l'opération que les parties ont voulu faire.

5° Enfin la jurisprudence voit purement et simple-

_____

(1) Baudry-Lacantinerie et Barde, *Des obligations*, t. I, p. 175 et 176.

ment dans l'assurance sur la vie contractée au profit
d'un bénéficiaire une stipulation pour autrui.

Le droit naît du contrat dans tous les cas, mais le bénéficiaire le recueille tantôt directement du contrat
même et sans intermédiaire (*jure proprio*), tantôt indirectement en ce sens qu'il recueille le bénéfice de
l'assurance (*jure hereditario*) dans le patrimoine de
l'assuré après sa mort.

C'est un arrêt du 15 décembre 1873 (1) qui a proposé
pour la première fois cette distinction qui est devenue
depuis la base de la jurisprudence de la Cour suprême.

« Attendu, disait la Cour de cassation, qu'aux termes
de l'article 1121 du Code civil, le stipulant a, sans
doute, la faculté de conférer à un tiers le bénéfice de ce
contrat; mais que cet article ne peut recevoir d'application que lorsque la disposition est faite au profit d'une
personne déterminée ; que si, au lieu d'attribuer le
capital assuré à une personne déterminée, le stipulant
se borne à convenir que ce capital sera payé, lors de
son décès, à ses héritiers, à son ordre, ou aux personnes
qu'il se réserve de désigner, la stipulation tombe sous
l'application, non plus de l'article 1121, mais de l'article 1122 du Code civil, et reste soumise à tous les modes
de transmission établis ou permis par la loi; que tant
que le stipulant n'en a pas autrement disposé, le droit
au capital assuré, dérivant de ce contrat, continue à
faire partie de son patrimoine... »

(1) Cass., 15 décembre 1873, Sirey, 1874.1.190.

Nous n'entrerons pas dans le détail de ces divers systèmes ; nous admettons volontiers avec la Cour de cassation que l'assurance sur la vie souscrite au profit d'un tiers, comporte essentiellement l'application de l'article 1121 du Code civil et même de l'article 1122 du Code civil.

Ces articles sont les seuls, en effet, qu'on puisse invoquer dans notre Code pour réglementer la matière (1).

Mais le but de notre étude est de démontrer que la distinction faite entre bénéficiaires déterminés et indéterminés ne se justifie pas si l'on donne de l'article 1121 du Code civil, et surtout de l'article 1122, une interprétation juridique.

Les bénéficiaires, qu'ils soient déterminés ou indéterminés du vivant de l'assuré, ont des droits égaux après sa mort pourvu qu'ils se trouvent suffisamment déterminés ou déterminables au moment du sinistre parce que ce n'est que par le sinistre que leur droit à l'indemnité prend naissance et que c'est uniquement au moment de la naissance d'un droit que la capacité de ceux qui y prétendent doit être envisagée.

Ajoutons que l'équité exige cette assimilation de tous les bénéficiaires et que la volonté des parties devrait l'imposer le plus souvent, enfin que cette solution nous paraît la conséquence logique, nécessaire du principe

(1) Il est évident que l'article 1121 ne peut être appliqué par analogie à notre contrat que tout autant qu'on lui donne une interprétation large et qu'on ne réserve pas son application au seul cas de stipulation pris dans son sens étroit de contrat unilatéral.

consacré par la Cour de cassation elle-même : que le capital assuré ne peut se former que par la mort de l'assuré.

§ 2. — Nature du droit des bénéficiaires déterminés.

La base sur laquelle repose toute la doctrine de la Cour de cassation relativement aux effets d'un contrat d'assurance sur la vie, alors que le bénéfice de la police a été stipulé au profit d'un tiers spécialement désigné, est que le capital assuré doit être considéré comme n'ayant jamais fait partie du patrimoine du stipulant.

Il est à remarquer que la jurisprudence n'exige pas que le bénéficiaire soit désigné dans le contrat même, il peut l'être dans un acte ultérieur, un avenant par exemple, et dans tous les cas cette désignation produit les mêmes effets que si la désignation était faite dans le contrat (1).

Le droit du bénéficiaire existe aussi puissant lorsque l'assuré s'est réservé le droit de disposer du bénéfice de l'assurance, soit en rachetant sa police, soit en la transmettant à une autre personne (2).

Dans tous les cas le bénéficiaire ainsi déterminé a un droit direct contre l'assuré à la seule condition qu'il déclare vouloir profiter de la stipulation faite à son profit

(1) Cass., 8 février 1888, Sirey, 1888.1.121, note de M. Crépon ; Douai, 9 juin 1886; Cass., 7 août 1888, Sirey, 1889.1.97, note de M. Labbé ; Douai, 14 février 1887, Sirey, 1888.2.40 ; Aix, 20 mars 1888, Sirey, 1889.2.17, note de M. Naquet ; Amiens, 31 janvier 1889, Sirey, 1890.2.5.

(2) Cass., 8 avril 1895, Sirey, 1895.1.265.

et quel que soit le moment où il fait cette déclaration.

C'est en 1884 que la Cour de cassation a reconnu en faveur des bénéficiaires déterminés un droit direct et personnel acquis non point *jure hereditario*, mais *jure proprio* en s'appuyant sur les motifs suivants :

« Attendu, en droit, que le contrat d'assurance sur la vie, par lequel il est purement et simplement stipulé que, moyennant le payement des primes annuelles, une somme déterminée sera, à la mort du stipulant, versée à une personne spécialement désignée, a pour effet, au cas où le contrat a été maintenu par le payement régulier des primes, d'une part, d'obliger, à la mort du stipulant, le promettant à verser le capital assuré entre les mains du tiers désigné et, d'autre part, de créer, à ce même instant, au profit du tiers bénéficiaire, un droit de créance contre le promettant ;

« Attendu que ce droit est personnel au tiers bénéficiaire, ne repose que sur sa tête, et ainsi ne constitue pas une valeur successorale ; qu'en effet le capital assuré n'existe pas dans les biens du stipulant durant sa vie, puisque ce capital ne se forme et ne commence d'exister que par le fait même de la mort du stipulant, et que, d'un autre côté, le contrat n'en attribue à celui-ci, ni le bénéfice personnel, ni la disposition, et ne lui laisse que la faculté de rendre nuls les effets de la convention par le non-payement des primes, au cas où les primes ne seraient pas acquittées par le bénéficiaire ou par tout autre aux lieu et place du stipulant ;

« Attendu que dans ces conditions il est impossible
de dire que la somme qui doit être versée par le promettant au tiers bénéficiaire, après la mort du stipulant, ait été la propriété de ce dernier au moment de
son décès, et conséquemment se trouve dans sa succession (1). »

« Cet arrêt, rendu sur notre plaidoirie, dit M. Lefort,
proclamait qu'en cas d'attribution directe et spéciale du
bénéfice à une tierce personne expressément désignée,
le profit de l'assurance doit être recueilli par le gratifié,
à l'exclusion des créanciers de l'assuré décédé. La Cour
ne se bornait pas à poser ces principes avec une précision et une netteté remarquables ; elle s'attachait en
outre à définir et à déterminer, d'une façon générale, en
quelque sorte, la nature et les effets des contrats d'assurance sur la vie ; elle proclamait que le contrat d'assurance passé au profit d'un tiers déterminé pour obliger, à la mort du stipulant, l'assureur à verser le capital
assuré entre les mains du bénéficiaire, confère à ce dernier un droit personnel, ne reposant que sur sa tête et
ne constituant pas une valeur successorale. L'arrêt en
donnait la raison : le capital assuré n'existe pas dans
les biens du stipulant durant sa vie parce que ce capital ne se forme et ne commence d'exister que par le fait
même de sa mort, et, d'autre part, l'assuré n'en a ni le
bénéfice personnel ni la disposition ; et il en tirait cette

(1) Cass., 2 juillet 1884, Sirey, 1885.1.11.

conclusion qu'il n'est pas possible de dire, dans ces conditions, que la somme à verser au tiers bénéficiaire après la mort du stipulant a été la propriété de ce dernier au moment de son décès et par suite se trouve dans sa succession (1). »

De toutes parts, ajoute M. Lefort, cette décision fut considérée comme l'inauguration d'une nouvelle jurisprudence fertile en conséquences et féconde en résultats pour l'assurance.

Depuis cette époque, en effet, la Cour suprême n'a pas varié, car, dans tous ses arrêts, elle proclame les mêmes principes. C'est ainsi qu'en 1891 la Cour suprême décidait que :

« En droit le contrat d'assurance sur la vie, lorsque le bénéfice en est attribué à une personne déterminée, comporte essentiellement l'application de l'article 1121, c'est-à-dire des règles qui régissent la stipulation pour autrui ; une jurisprudence constante en a déduit la conséquence que, jusqu'à l'acceptation par le bénéficiaire désigné, le stipulant pouvait sans doute révoquer sa promesse et disposer autrement au profit d'autrui, mais que l'acceptation, valable même après le décès de l'assuré, avait un effet rétroactif au jour du contrat primitif; par suite le bénéficiaire est investi d'un droit personnel et direct, qu'il ne recueille pas dans la succession

(1) Lefort, *Traité du contrat d'assurance sur la vie*, t. I, p. 65 et 66.

F. — 7

et qui échappe à l'action des créanciers du défunt (1). »

En 1895 elle a jugé que :

« Le contrat d'assurances sur la vie, lorsque le bénéfice de l'assurance est stipulé au profit d'une personne
déterminée, comporte essentiellement l'application de
l'article 1121 du Code civil, c'est-à-dire des règles qui régissent les stipulations pour autrui.

« Lorsque la stipulation est pure et simple, elle confère immédiatement un droit personnel au tiers au profit
de qui elle a eu lieu. Ce droit peut être révoqué par le
stipulant tant que le tiers n'a pas déclaré vouloir profiter de la stipulation ; mais il devient irrévocable par
cette déclaration. Peu importe que la police contienne
une clause de rachat, cette clause ne changeant rien au
droit de révocation du stipulant tant qu'il n'y a pas eu
acceptation du bénéficiaire, ou que la déclaration du
tiers désigné n'ait eu lieu qu'après la faillite du stipulant, l'article 1121 n'exigeant autre chose que la déclaration elle-même (2). »

Plus récemment, dans les derniers arrêts rendus
sur la matière, le 29 juin 1896 et le 24 février 1897, les
mêmes principes étaient formellement répétés.

Voici comment s'exprimait la Cour de cassation dans
l'arrêt du 29 juin 1896 :

« Attendu que le contrat d'assurance sur la vie par

(1) Cass., 22 juin 1891, Sirey, 1892.1.182. Cf. Cass., 3 avril 1895, *J. des
Ass.*, 1895.226.
(2) Cass., 8 avril 1895, Sirey, 1895.1.265.

lequel il est purement et simplement stipulé que,
moyennant le paiement de primes annuelles, une somme déterminée sera, à la mort du stipulant, versée à
une personne spécialement désignée, doit avoir pour
effet, au cas où le contrat a été maintenu par le paiement
régulier des primes, d'une part, d'obliger, à la mort du
stipulant, le promettant à verser le capital assuré entre
les mains du tiers désigné, et, d'autre part, de créer à ce
même instant, un droit de créance contre le promettant ;
— Attendu que ce droit est personnel au tiers bénéficiaire, ne repose que sur sa tête, et ainsi ne constitue
pas une valeur successorale ; qu'en effet le capital assuré
n'existe pas dans les biens du stipulant durant sa vie,
puisque ce capital ne se forme et ne commence d'exister
que par le fait même de la mort du stipulant, et que,
d'un autre côté, le contrat n'en attribue à celui-ci ni le
bénéfice personnel ni la disposition et ne lui laisse que
la faculté de rendre nuls les effets de la convention par
le non-paiement des primes, au cas où elles ne seraient
pas payées par d'autres ou de révoquer la stipulation
au cas où elle n'aurait pas été acceptée par le tiers bénéficiaire ; — Attendu que le capital stipulé, n'ayant
jamais fait partie du patrimoine du stipulant, ne constituant pas une valeur successorale, ne saurait, par
suite, entrer en compte pour le calcul de la réserve (1). »

On le voit, les termes de l'arrêt du 29 juin 1896 sont

(1) Sirey, 1896.1.331.

identiques à ceux de l'arrêt du 2 juillet 1884 ; cette simi-
litude d'expressions s'explique suffisamment par ce fait
que les deux arrêts ont été rendus sur rapport du même
conseiller, M. Crépon et l'on sait que ce magistrat a été
l'un des fondateurs de cette jurisprudence qui forme
aujourd'hui, ainsi que l'a dit lui-même M. Crépon :
« un véritable corps de doctrine sur la nature et les
conséquences juridiques de ce contrat » (1). Mais ce
qu'il importe de signaler c'est que l'arrêt du 29 juin 1896
a consacré la seule des conséquences, découlant logiquement du principe, admis définitivement aujourd'hui,
que le capital assuré n'a, à aucun instant, fait partie du
patrimoine du stipulant, la seule de ces conséquences
qui n'avait pas encore été proclamée par la jurisprudence, c'est que, du moment que le capital assuré n'a
fait partie à aucun instant du patrimoine du stipulant,
il ne peut entrer en compte pour le calcul de la quotité
disponible.

Le système de la Cour de cassation est donc très net :
l'assurance sur la vie contractée par un assuré qui désigne un bénéficiaire déterminé constitue une stipulation pour autrui essentiellement régie par l'article 1121
du Code civil, d'après lequel : « On peut stipuler au
profit d'un tiers lorsque telle est la condition d'une stipulation que l'on fait pour soi-même ou d'une donation
que l'on fait à un autre. Celui qui a fait cette stipula-

(1) Note de M. T. Crépon, Sirey, 1888,1,121.

tion ne peut plus la révoquer si le tiers a déclaré vouloir en profiter. »

Tant que le bénéficiaire n'a pas accepté, le stipulant peut révoquer sa promesse et disposer autrement au profit d'autrui, mais dès qu'il a accepté, et il peut valablement le faire même après le décès de l'assuré, même après la faillite du stipulant, l'article 1121 n'exigeant autre chose que la déclaration elle-même, son acceptation rétroagit au jour du contrat primitif, le bénéficiaire est investi d'un droit personnel et direct qu'il ne recueille pas dans la succession et qui échappe à l'action des créanciers du défunt (1). Il importe peu que la police contienne une clause de rachat, cette clause ne change rien au droit de révocation du stipulant (2).

La jurisprudence s'appuie donc nettement sur la théorie de la stipulation pour autrui, telle qu'elle est formulée par l'article 1121 du Code civil.

Du principe que le contrat d'assurance sur la vie au profit d'une personne déterminée a le caractère d'une stipulation pour autrui, régie par l'article 1121 du Code civil, la jurisprudence a déduit les conséquences suivantes :

1° Le bénéfice de l'assurance ne peut être invoqué par le tiers désigné qu'autant qu'il a accepté la stipulation faite à son profit ;

2° L'acceptation peut être tacite pourvu qu'elle résulte

(1) Cass., 22 juin 1891, Sirey, 18 92.1.181.
(2) Cass., 8 avril 1895, *J. des Ass.*, 1895.226, Sirey, 1895.1.215.

d'un acte ou d'un fait ne laissant aucun doute sur la volonté du bénéficiaire d'accepter la stipulation ;

3° L'acceptation peut intervenir même après le décès du stipulant ;

4° L'acceptation une fois intervenue a un effet rétroactif au jour du contrat et elle investit le bénéficiaire d'un droit personnel et direct contre l'assureur au bénéfice du contrat, bénéfice qu'il ne recueille pas dans la succession de l'assuré et qui échappe par suite à l'action des créanciers du défunt ainsi qu'à l'action en réduction et au rapport ;

5° Mais tant que la stipulation n'a pas été acceptée par le tiers bénéficiaire en faveur de qui elle a été faite, elle peut être révoquée par le stipulant qui peut également en transférer le bénéfice à un autre tiers.

La jurisprudence décide que le capital ne peut exister que par le sinistre et cependant elle reconnaît au bénéficiaire du jour du contrat un droit acquis sur ce capital.

L'acceptation, dit-on, produit un effet rétroactif ; c'est aussi notre avis, puisque nous admettons que le droit à l'indemnité est un droit conditionnel, une chose future.

Mais l'acceptation, ajoute-t-on, produit un effet rétroactif au jour du contrat ; ceci nous le nions, ou du moins nous croyons qu'il faut se garder de donner cette règle comme absolue.

Dans aucun cas le capital assuré, l'indemnité ne peut naître avant le décès : au jour du contrat il n'y a qu'une

promesse de responsabilité conditionnelle ; il n'y a pas
encore d'objet existant.

Faire rétroagir l'effet de l'acceptation au jour du contrat, ce serait vouloir considérer comme rétroactivement
accompli à un moment donné un fait qui ne l'était pas :
or, s'il est permis de considérer un droit comme rétroactivement acquis, il est impossible de considérer un
fait comme rétroactivement accompli. L'objet du contrat, l'indemnité, ne peut naître que par le sinistre, il
est impossible de considérer l'obligation de l'assureur
comme née avant ce sinistre, il est impossible par conséquent de considérer la créance du bénéficiaire comme
née avant ce sinistre : c'est à ce jour qu'il faudra toujours
se reporter pour apprécier la capacité des bénéficiaires
de l'indemnité et l'acceptation, à quelque moment qu'elle
ait lieu, ne pourra produire d'effet qu'à ce jour parce
que jusque-là il n'y a pas d'objet de l'obligation et que,
sans objet, il n'y a ni obligation ni contrat.

La jurisprudence, en exigeant la capacité du bénéficiaire au jour du contrat, manque de logique.

Sans doute il est nécessaire que le tiers au profit duquel il est permis de stipuler dans les termes de l'article 1121 existe au moment du contrat. Pour recueillir
un droit il faut être né ou, du moins, conçu au moment
où ce droit s'ouvre. Les articles 725, 906, 1039 ne sont
que des applications de cette règle de bon sens que qui
n'existe pas ne peut pas avoir de droit.

Mais à quel moment le droit s'ouvre-t-il dans l'assurance sur la vie ?

Au jour du décès.

Dès lors pour savoir si un bénéficiaire est capable ou non de recueillir le bénéfice de l'assurance il faut se reporter au jour du décès de l'assuré et par conséquent il suffit que le bénéficiaire soit déterminé à ce jour; il n'y a pas à faire une situation différente à ceux qui étaient indéterminés du vivant de l'assuré. Bénéficiaires déterminés ou indéterminés ont des droits égaux.

§ 3. — Nature du droit du bénéficiaire indéterminé.

Quand l'assurance est faite au profit de bénéficiaires indéterminés, la Cour de cassation. fait application de l'article 1122 du Code civil. Dans ce cas, elle décide que le capital assuré forme une valeur successorale et qu'il est recueilli par les représentants du défunt en vertu de leur seule vocation héréditaire, *jure hereditario*, comme toutes les autres valeurs de l'hérédite.

Nous allons essayer de démontrer qu'un bénéficiaire indéterminé a, comme le bénéficiaire déterminé, un droit direct dérivant du contrat, droit qui prend naissance aussitôt que l'objet lui-même prend naissance, c'est-à-dire, au jour même où le sinistre survient et donne droit à l'indemnité, au jour du décès de l'assuré.

A. *Qu'est-ce qu'il faut entendre par bénéficiaires indéterminés?*

Par bénéficiaires indéterminés la jurisprudence désigne sans distinction les bénéficiaires non désignés individuellement et ceux qui, quoique désignés individuellement, n'étaient pas encore conçus au moment de la stipulation.

Il nous paraît juste cependant de mentionner avec soin les cas où il y a indétermination quant à l'individualité et ceux dans lesquels il y a indétermination quant à l'existence.

M. Lambert réserve le terme d'indétermination pour qualifier la situation des bénéficiaires que le contrat ne désigne point dans leur individualité; il désigne les bénéficiaires de la seconde catégorie sous le nom de personnes futures.

Si, pour connaître la portée d'une assurance sur la vie, il est essentiel de distinguer entre les bénéficiaires déterminés et indéterminés, en fait, il n'est pas toujours facile de savoir si l'on se trouve en présence de l'une ou de l'autre de ces deux catégories de bénéficiaires.

La question s'est posée notamment pour l'assurance contractée au profit des enfants du stipulant.

Aucune difficulté, lorsqu'en parlant de *ses enfants*, ce dernier « désignait sans aucune équivoque ni ambiguïté certains enfants déterminés existant lors du contrat (1) ».

Il y a plus : en supposant que ce mot d'enfant fut « susceptible de deux sens, il devrait être entendu dans celui où il devrait produire effet, plutôt que dans celui où il n'en pourrait produire aucun ».

(1) Douai, 14 avril 1890, Sirey, 1892.1.177.

Ainsi déterminés, les enfants du stipulant seraient appelés à recueillir le montant de l'assurance « abstraction faite de leur qualité d'héritiers, c'est-à-dire même au cas où ils renonceraient à sa succession (1) ».

La Cour de Nancy, par un arrêt du 25 février 1882, avait décidé qu'une assurance souscrite par l'assuré au profit de « ses enfants », s'appliquait à des personnes suffisamment désignées et capables de recevoir, attendu que le contractant avait quatre enfants au moment de la signature de la police. Elle avait, en conséquence, repoussé la prétention des créanciers du défunt, qui voulaient faire comprendre l'assurance dans le patrimoine héréditaire (2).

Sur le pourvoi des créanciers, la Cour de cassation a pris pour base de sa décision cette appréciation souveraine des termes du contrat (3).

Un père qui, dans une police d'assurance sur la vie, avait désigné comme bénéficiaires ses enfants sans ajouter ni les mots « nés ou à naître », ni les mots « héritiers ou ayants cause » avait exclusivement en vue, lors du contrat, les enfants nés à cette époque et stipulait pour eux abstraction faite de leur qualité d'héritiers et, par conséquent, même pour le cas où ils renonceraient à sa succession.

La Cour de Douai, dans un arrêt du 14 avril 1890, dé-

---

(1) Douai, 0 juin 1886, *J. des Ass.*, 1887.513.
(2) *J. des Ass.*, 1883, p. 139.
(3) Cass., 2 juillet 1884, Dalloz, 1885.1.150.

cida que l'assurance souscrite par une personne au profit de *ses enfants* s'adresse à des bénéficiaires suffisamment désignés, et que, si l'un des enfants vient à
mourir avant le stipulant, la totalité du capital assuré
appartient aux enfants qui existent au décès de celui-ci,
attendu que les enfants ont été conjointement désignés
sans indication de part.

Le pourvoi introduit contre cette décision a été rejeté
par l'arrêt de la Chambre des requêtes du 22 juin 1891.

Au contraire, l'assurance est contractée au profit de
bénéficiaires indéterminés, dans le cas où elle est souscrite au profit des enfants nés ou à naître ; c'est même,
en ce moment, la seule formule qui soit en discussion
et quand cette formule est employée, la jurisprudence
est à peu près unanime à refuser tout droit direct aux
bénéficiaires.

Signalons dans ce sens une décision importante que
nous allons analyser longuement.

La Compagnie l'Union avait consenti une police par
laquelle elle s'engageait à payer une somme de cinq
mille francs à la femme de l'assuré ou, à son défaut, à
ses enfants nés et à naître ; le décès de la femme de l'assuré survenu avant celui de l'assuré ne laisse subsister
que l'obligation de l'Union vis-à-vis des enfants nés ou
à naître du mariage ; mais l'assuré étant mort en état de
faillite, les enfants qui avaient renoncé à la succession
vinrent cependant réclamer le montant de l'assurance ;
les syndics de la faillite s'y opposèrent soutenant que

les enfants n'avaient aucun droit à l'indemnité d'assurance parce qu'ils avaient renoncé à la succession de
leur père et que le montant de l'assurance faisait partie
de cette succession.

Le tribunal civil de Montbéliard rejeta la demande
des enfants (1) : « Attendu que (cette demande) ne pourrait être accueillie qu'autant que le contrat indiquerait
avec précision que le bénéfice de l'assurance devait arriver aux enfants existant à l'époque du décès du sieur F.,
directement, *jure proprio*, sans avoir jamais fait partie de sa succession ; mais que cette indication précise
ne résulte pas suffisamment des termes « enfants nés
ou à naître du mariage des époux Joubert » ; que ces
enfants, en effet, étaient en réalité, et dans la pensée
même de leur père, les personnes appelées à recueillir
sa succession, c'est-à-dire ses héritiers ; que l'intention
du père de famille a donc pu être simplement d'augmenter cette succession dans des proportions connues d'a-
vance, et par suite, d'appeler ses enfants au bénéfice
spécial de l'assurance, comme il les savait appelés par
la loi à l'ensemble des biens laissés à son décès, c'est-à-
dire à titre héréditaire ; que c'est cette intention qui doit
être acceptée en cas de doute et en l'absence d'une autre
intention clairement exprimée, puisqu'elle s'accorde
avec deux préoccupations bien naturelles à tout père de
famille honnête, celle de laisser quelque fortune à ses

(1) Jugement de Montbéliard, 26 juin 1891, Sirey, 1894.1.161.

enfants, et celle de leur laisser un nom honorable en payant ses dettes avant de faire des libéralités. » Le tribunal ajoutait que l'intention de l'assuré devait être d'autant plus facilement acceptée dans le sens indiqué que cet assuré avait offert sa police en garantie à des banquiers, ce qui montrait bien sa volonté de ne pas soustraire au payement de ses dettes le bénéfice de cette police.

Sur appel par le tuteur des enfants, la Cour de Besançon (1) confirma cette décision par un arrêt ainsi conçu : « Attendu que, pour que la stipulation d'une police d'assurance, au profit d'un tiers, puisse créer, à l'avantage de celui-ci, un droit propre, indépendamment de ses droits héréditaires, et échappant à l'action des créanciers de l'assuré, il faut que ce droit ait été constitué au profit de personnes spécialement déterminées ; attendu, dans l'espèce, que ce bénéfice, établi par l'assuré au profit de ses enfants nés et à naître, n'a pu leur créer ce droit personnel parce qu'il a été constitué au profit de personnes indéterminées et, par conséquent, incapables de l'acquérir ; qu'en ce qui concerne les enfants à naître, l'incertitude de la disposition est évidente ; que la stipulation pour autrui, véritable offre de libéralité, ne peut s'adresser au néant ; qu'elle est également incertaine en ce qui concerne les enfants déjà nés et non individuellement désignés parce qu'ils ne

(1) Cour de Besançon, 23 déc. 1891, Sirey. 1894.1.162.

sont appelés à recueillir le bénéfice de la disposition qu'en cas de survivance ; que, si on admettait qu'une différence puisse être établie entre les enfants nés lors de la stipulation et ceux qui ne sont nés que postérieurement, on arriverait à un résultat manifestement contraire en équité à la volonté du stipulant, en créant une inégalité choquante entre ceux au profit desquels il a entendu conférer des droits égaux ; — attendu que, l'incertitude de la désignation des bénéficiaires ayant cette conséquence de ne leur conférer aucun droit propre, c'est en vertu seulement de leur vocation héréditaire qu'ils seraient appelés à recueillir, dans des conditions de parfaite égalité, les avantages d'un contrat qui, jusqu'à son décès, est demeuré dans le patrimoine de l'assuré ; adoptant au surplus les motifs des premiers juges ; confirme, etc. »

Le tuteur des mineurs J. forma un pourvoi en cassation basé sur ce moyen unique, sur la violation des articles 1121 et 1134 du Code civil et fausse application de l'article 1122 du même Code en ce que l'arrêt attaqué décide que le bénéfice d'un contrat d'assurance sur la vie, fait au profit de la femme, et, à son défaut, « aux enfants nés ou à naître du stipulant », n'a pu être acquis *jure proprio* par les mineurs J. à la mort de leur père, par le motif qu'il y a incertitude dans la désignation des bénéficiaires, et que, par suite, le bénéfice de l'assurance était dans le patrimoine du stipulant et ne pouvait être transmis à ses enfants que *jure heredita-*

rio, alors que, tout au moins pour les enfants nés et
existants au moment où l'assurance a été contractée,
l'incertitude n'existait certainement pas et le droit au
capital assuré avait pu prendre immédiatement naissance au profit de ces enfants, conformément à l'article 1121 du Code civil.

Dans l'espèce, disait le pourvoi, il y avait eu stipulation au profit des « enfants nés ou à naître », c'est-à-
dire une double stipulation : d'abord, une stipulation
au profit de personnes déterminées, les enfants nés au
moment où la police était signée, ensuite une stipulation au profit de personnes indéterminées, les enfants à
naître ultérieurement, au cours du contrat. Il y avait
lieu ainsi de distinguer la stipulation faite en faveur
des « enfants nés » de la stipulation intervenue pour
les « enfants à naître », de déclarer la stipulation valable à l'égard des premiers, au lieu de déclarer d'une
façon générale que la clause attributive était sans portée pour le tout. Et, en effet, la stipulation pour autrui
n'est pas nécessairement indivisible ; le caractère d'in-
divisibilité ne résulte, ni de l'article 1121 du Code civil,
ni d'aucun autre texte de loi, ni d'aucun principe. Rien
ne s'oppose à ce que, pour une stipulation faite en faveur de plusieurs personnes, si l'une d'elles ne veut ou
ne peut acquérir le bénéfice de la stipulation, les autres
personnes gratifiées ne recueillent le bénéfice. On ne
voit pas les motifs qui font englober dans une commune
solution deux dispositions par le fait complètement dis-

tinctes. Si, dans l'état actuel de la jurisprudence, l'on ne peut songer à voir reconnaître un droit propre aux personnes inexistantes lors de la signature de la police, il serait préférable à tous égards lorsque la stipulation vise à la fois les enfants déjà nés et les enfants à naître, de lui donner effet partiellement, de façon à réaliser la volonté du stipulant plutôt que de la rendre complètement inutile, en laissant dans la succession de l'assuré, gage de ses créanciers, la totalité du capital assuré (1).

La Cour de cassation rejeta le pourvoi par ce motif que, par une appréciation souveraine du contrat, qui ne le dénature pas, l'arrêt attaqué déclarait que le sieur Joubert, en attribuant, par une disposition commune, le capital assuré à ses enfants nés ou à naître, a entendu leur conférer, aux uns et aux autres, un droit égal ; que le pourvoi ne contestait pas qu'en ce qui concerne les enfants à naître, la stipulation étant·faite au profit de personnes incertaines, inexistantes, ne pouvait donner lieu à l'application de l'article 1121 et leur créer un droit propre ; que le pourvoi soutient vainement qu'il

____

(1) Le pourvoi ajoutait que cette solution a été proclamée par le tribunal civil de la Seine à deux reprises différentes, et il citait deux jugements.

Le 21 juillet 1887, un jugement du tribunal de la Seine a décidé en effet que l'attribution du bénéfice de l'assurance aux enfants nés ou à naître du souscripteur, nulle en ce qu'elle s'applique aux enfants à naître est valable à l'égard des enfants déjà nés lors de la souscription de l'assurance (*Rec. pér. des ass.*, 1887, p. 520).

Le 4 novembre 1889, un second jugement a proclamé qu'une stipulation conçue dans les mêmes termes était valable à l'égard des enfants alors existants, et leur conférait sur le capital assuré un droit propre et personnel (*Rec. pér. des ass.*, 1889, p. 899).

en serait autrement pour les enfants déjà nés à la date
du contrat ; qu'en effet, l'arrêt déclare que la stipulation
ne pouvait pas être considérée à leur égard comme faite
au profit de personnes déterminées, puisque ces enfants
déjà nés, d'ailleurs non individuellement désignés, n'é-
taient appelés à recueillir le bénéfice de la stipulation
qu'en cas de survivance, par conséquent à titre héréditaire, comme les enfants à naitre eux-mêmes ; que l'arrêt
en avait conclu à juste titre que les enfants déjà nés
n'avaient, pas plus que les enfants à naitre, un droit
propre au bénéfice de l'assurance, et que c'était seulement en vertu de leur vocation héréditaire qu'ils étaient
appelés à recueillir, avec les enfants à naitre, et dans
des conditions de parfaite égalité, les avantages d'un
contrat qui, jusqu'au décès de l'assuré, était resté dans
son patrimoine et ne pouvait par suite échapper à l'action de ses créanciers ; que cette décision n'a ni violé ni
faussement appliqué les articles du Code civil et les
principes de droit invoqués par le pourvoi (1).

Cet arrêt avait suggéré à M. Labbé quelques observations qui ont été publiées après sa mort et dans lesquelles il revenait sur des idées déjà développées par
lui dans ses notes antérieures.

La décision de l'arrêt paraissait à M. Labbé d'une
justesse incontestable, étant donné surtout qu'elle se

_____

(1) Cass., 7 mars 1893, Sirey, 1894.1.102.

trouvait justifiée par une circonstance de fait relevée très à propos par les premiers juges (1).

Dans l'espèce une assurance sur la vie avait été contractée par un père avec cette indication : *au profit de ses enfants nés ou à naître*. Au moment de la signature de la police deux enfants existaient, deux autres naquirent postérieurement. A l'époque du décès de l'assuré, quatre enfants composaient sa famille. La police ne contenait la désignation individuelle d'aucun des enfants. Le père étant décédé en état de faillite, les créanciers se firent attribuer le capital promis, les enfants revendiquèrent ce capital, mais leur demande fut rejetée.

D'après M. Labbé : « Un premier raisonnement conduirait à cette conclusion. Le père, en stipulant pour ses enfants *nés ou à naître*, a voulu attribuer un droit égal à ses enfants, sans aucune distinction entre les enfants déjà nés et ceux dont la naissance serait postérieure à la signature du contrat. Selon les règles actuelles applicables à l'article 1121 du Code civil et à la stipulation pour autrui, cette stipulation n'est valable que faite au profit d'une personne déjà née ou conçue et individuellement désignée (2). La stipulation au profit des enfants à naître était nulle et non avenue ; elle était nulle aussi à l'égard des enfants déjà nés, à cause de la

(1) Note dans Sirey, 1894.1.161.
(2) Cassation, 22 juin 1891, Sirey, 1892.1.177 ; Alger, 17 octobre 1892, Sirey, 1893.2.187.

volonté manifeste de conférer un droit égal à tous les enfants de l'assuré (1).

Une circonstance particulière, ajoutait M. Labbé, est venue accroître la force de cet argument purement juridique, en prouvant que la conclusion est conforme à l'intention du père de famille. Par une lettre postérieure à l'assurance, l'assuré avait proposé à deux de ses créanciers de conserver en garantie de leur créance le titre de son assurance-vie. Il était donc disposé à conférer par une mise en gage le bénéfice de l'assurance à certains créanciers par préférence à ses enfants. Dans sa pensée, l'intérêt de ses créanciers devait l'emporter sur l'intérêt de ses enfants. Cette mise en gage n'a pas été régularisée : ces créanciers n'ont pas obtenu un privilège sur la masse. Mais l'existence de cette proposition prouve au moins que c'est se conformer à la volonté de l'assureur d'attribuer à la masse de la faillite le bénéfice de l'assurance.

M. Labbé ajoutait pour émettre, disait-il, une vue plutôt interrogative qu'affirmative relativement à un développement possible de la théorie de la Cour de cassation :

« Supposons un père de famille qui contracte une assurance sur la vie dans l'unique pensée de transmettre à ses enfants sans distinction, — il ne se préoccupe nullement de ses créanciers, — ses chances de vie. la valeur

(1) Lyon, 9 avril 1978, Sirey, 1878.2.320 ; Cass., 2 juillet 1881, Sirey 1885.1.5.

de son existence telle qu'elle est évaluée d'après les tables de mortalité. Peut-il vouloir, peut-il arriver à ce
but, que cette valeur stipulée d'une compagnie d'assurance soit acquise à tous ses enfants, soit répartie entre
eux tous, quelle que soit la date de leur naissance, antérieure ou postérieure au contrat? Cette valeur, qui,
dans la conception théorique de la Cour de cassation,
se forme, se crée peu à peu, au jour le jour, avec le
temps, qui n'existera qu'à l'époque de la mort de l'assuré, qui ne sera pas considérée comme sortant du patrimoine du stipulant assuré, ne serait-elle pas logiquement attribuée à tous les enfants de l'assuré, même
à ceux qui sont nés après la date du contrat? La volonté
prudente, bienveillante du contractant les embrasse tous
sans distinction. Cette volonté de traiter également ses
enfants n'est-elle pas conforme à l'esprit de notre législation? L'article 1121 du Code civil, selon l'interprétation actuelle, s'y oppose. Mais la Cour de cassation n'a-
t-elle pas construit quelque chose de nouveau, en donnant au contrat d'assurance pour objet quelque chose
d'inexistant, de futur, d'indéterminé dans le présent?
A ce contrat nouveau, vraiment inconnu du législateur
ancien, ne faut-il pas appliquer des règles nouvelles?
La Cour suprême doit-elle s'arrêter dans sa judicieuse
hardiesse? Elle doit se laisser guider par l'analogie:
soit. Le capital promis par la compagnie d'après des
chances de vie ne représente-t-il pas, pour la famille
entière de l'assuré, son existence entière, une universa-

lité analogue à celle d'une succession ? Transmettre à
tous les enfants d'une personne l'estimation de sa vie,
l'équivalent de sa succession, équivalent créé par un
contrat à côté de la succession réelle, n'est-ce pas logique, analogique avec toutes les dispositions du droit
sur l'hérédité ? ».

B. *Comment peut-on justifier l'existence d'un droit
au profit des bénéficiaires indéterminés ?*

La Cour de cassation décide que l'assurance pour
autrui, de même que la stipulation pour autrui, n'est
valablement faite qu'au profit d'une personne individuellement déterminée: au profit d'une personne actuellement existante et capable d'acquérir. Elle ne saurait
être faite au profit d'une personne future et incertaine.

Le véritable motif qui a inspiré la jurisprudence est
peut-être celui-ci : il n'est pas possible qu'un individu
devienne titulaire d'un droit avant d'exister. Mais on a
pu faire une réponse décisive. Assurément la stipulation
ne peut pas conférer au tiers avant sa conception un
droit définitivement acquis ; mais ce tiers trouve, le jour
où il vient au monde, un droit éventuel qui n'attendait
que sa naissance pour prendre corps et qui pouvait tenir debout sans son intervention puisqu'il sortait d'un
contrat valablement formé entre deux autres personnes.
Si l'on peut stipuler une chose future, on doit pouvoir
stipuler au profit d'une personne future. La stipulation
ne produira pas immédiatement ses effets, c'est vrai,
mais du jour où la naissance du tiers gratifié aura donné

au sujet du droit la détermination qui lui manquait, le promettant se trouvera, en vertu de la stipulation primitive, obligé envers le bénéficiaire (1).

Cette solution serait certainement plus conforme au but des assurances sur la vie et à l'intention de ceux qui les souscrivent.

Il est incontestable, en effet, que les assurances sur la vie ont, en général, pour cause déterminante de la part de l'assuré la pensée de mettre ses enfants, sa femme, ses proches, à l'abri du besoin, ou d'augmenter leurs ressources en cas de mort prématurée du chef de la famille, et de leur constituer comme une épargne à l'abri des coups de la fortune, un capital de nature à assurer leur avenir.

Déclarer ce capital ouvert aux poursuites des créanciers de l'assuré, c'est tromper son espérance, enfreindre sa volonté, dénaturer un contrat qu'il n'aurait sans doute pas conclu s'il en avait prévu les effets.

C'est en s'inspirant de ces considérations que la plupart des Cours d'appel avaient d'abord préféré, obéissant au vœu présumé du défunt, ses héritiers à ses créanciers (2).

Cette opinon est encore suivie par de nombreux auteurs.

(1) Lefort, *Traité du contrat d'ass. sur la vie*, p. 254.
(2) Lyon, 2 juin 1863, D. 1863.2.119; Colmar, 27 février 1865, D. 1865.2.93; Paris, 5 avril 1867, D. 1867.2.221; Besançon, 15 décembre 1869, D. 1870.2.91; Besançon, 23 juillet 1872. D. 1872.2.220; Note de M. Mulle, 1877.1.337.

M. Boistel reconnait qu'une jurisprudence absolument établie explique l'assurance au profit d'un tiers, désigné lors du contrat, par la théorie des stipulations pour autrui (C. civ., 1121). Or aux termes mêmes de l'article 1121 du Code civil : « on peut stipuler au profit d'un tiers, lorsque telle est la condition d'une stipulation que l'on fait pour soi-même ». Donc s'il veut pouvoir stipuler pour le bénéficiaire, il est nécessaire que l'assuré stipule pour lui-même, qu'il ait un intérêt dans le contrat, que cet intérêt puisse lui fournir une action par laquelle il aurait la faculté de contraindre au besoin la compagnie à exécuter la promesse qu'elle a faite au profit du bénéficiaire. « Eh bien ! dit M. Boistel, cet intérêt de l'assuré, indépendamment de l'intérêt moral qui donnerait rarement lieu à une action précise (1), consiste justement en ce que, si le montant de l'assurance ne peut pas être payé au bénéficiaire, le droit à cette somme reviendra dans le patrimoine de l'assuré (2) ; celui-ci stipule sous une condition alternative en faveur du bénéficiaire ou en faveur de lui-même (3). »

« Cette condition alternative une fois admise, nous disons, pour préciser notre doctrine, ajoute M. Boistel, que l'assurance en cas de décès au profit d'un tiers désigné constitue une *obligation alternative quant à la désignation du créancier*. Dans les obligations alterna-

(1) Cass., 30 avril 1888, D. 1888.1.291.
(2) Cass., 16 janvier 1888, D. 1888.1.77.
(3) Boistel, note dans Dalloz, 1889.2.130, 1re colonne.

tives dont traite le Code (art. 1189, 1196), la désignation de l'objet définitif de l'obligation dépend de l'option à faire par l'une ou l'autre des parties contractantes. Dans l'assurance, c'est la désignation du créancier définitif qui dépend d'une option à exercer à la fois par le bénéficiaire, qui pourra accepter le bénéfice du contrat (ordinairement après le décès de l'assuré), et par l'assuré qui conserve la faculté de révoquer l'offre faite au bénéficiaire.

Si l'assuré n'a pas disposé autrement de l'assurance, si le bénéficiaire est encore vivant lorsque la police vient à échéance et enfin s'il en accepte le bénéfice, alors le bénéficiaire sera censé avoir été seul créancier de la somme assurée ; il sera réputé rétroactivement avoir eu ce droit dès la signature du contrat ; l'assuré sera au contraire considéré comme n'ayant eu jamais droit au capital assuré, ce capital n'aura jamais fait partie de son patrimoine et ses créanciers n'y auront aucun titre. La condition d'option mise dans le contrat d'assurance se sera réalisée au profit du bénéficiaire et elle aura défailli en ce qui concerne l'assuré.

Si, au contraire, le bénéficiaire décède avant l'assuré ou s'il n'accepte pas la libéralité qui lui est offerte, l'assuré sera censé y avoir eu seul droit dès le début ; la somme assurée sera due à sa succession, et ses ayants cause à titre gratuit n'y pourront prétendre qu'après les dettes payées. Il en sera de même si, au cours de sa vie, l'assuré a révoqué l'offre faite au bénéficiaire et déclaré

vouloir faire cesser l'assurance par voie de rachat ou de
réduction, ou vouloir en faire profiter seulement sa
succession ou l'ensemble de ses ayants droit, créanciers
ou héritiers, ou enfin, s'il a transporté à un tiers le bénéfice de l'assurance, s'il l'a donnée en nantissement à
un créancier non encore payé. Dans tous ces cas, la
condition sous laquelle le bénéficiaire devait recueillir
a défailli, et le bénéfice de l'assurance s'est consolidé
sur la tête de l'assuré (1). »

M. Boistel conclut ainsi : « l'analyse qui vient d'être
exposée de l'assurance sur la vie au profit d'un tiers désigné, n'est que le développement de la doctrine qui
rattache cette institution à la théorie des stipulations
pour autrui. Elle a l'avantage de n'avoir à demander à
la jurisprudence aucun sacrifice important, de lui apporter au contraire peut-être quelque appui nouveau, et
en même temps, de donner satisfaction à plusieurs nécessités pratiques, satisfaction qui jusqu'ici n'a pas été
obtenue, ou ne l'a été qu'en évitant de contrôler avec
une grande rigueur l'application des principes théori-
ques (2). »

Observons que parmi les clauses qui ont pour but
d'attribuer l'indemnité d'assurance à des bénéficiaires
indéterminés, la jurisprudence a rangé la clause d'attribution aux enfants nés ou à naitre.

S'il est vrai que l'assurance au profit d'un tiers dési-

(1) Boistel, note dans Dalloz, 1889.2.130.
(2) Boistel, note dans Dalloz, 1889.2.131, 2e colonne.

gné constitue une obligation unique avec divers créanciers facultatifs, et que l'obligation principale au profit
de l'assuré peut au besoin soutenir à elle seule tout le
contrat, jusqu'à l'accession des autres créanciers indiqués comme possibles, aucune raison ne semble devoir
faire obstacle à ce que l'on désigne parmi ces créanciers
futurs des individus incapables, pour le moment, de
devenir titulaires de droits, des enfants non encore conçus.

Dans la théorie de M. Boistel, il est facile d'accorder
« un droit propre à tous les enfants nés ou conçus au
moment de la mort de l'assuré sans établir entre eux
de distinction choquante et contraire à l'intention du
père de famille ».

L'obligation principale qui existe au profit de l'assuré
soutient l'obligation que cet assuré a eu l'intention de
créer au profit de bénéficiaires incapables pour le moment de devenir titulaires de droit. Même dans le cas où
il s'agit d'enfants à naître seulement, la théorie de l'o-
bligation facultative permet de donner un droit direct à
ces bénéficiaires indéterminés.

Le droit direct naîtra donc à leur profit, mais il ne
naîtra évidemment qu'au jour de la naissance ou de la
conception.

M. Deslandres critique les arguments de M. Boistel :
« au moment où le contrat a lieu, il ne peut pas produire
d'effet au profit des bénéficiaires inexistants. Ceci est
reconnu. Or ce n'est pas parce qu'il est efficace au regard

d'une autre personne qu'il peut se soutenir de manière
à agir encore quand surviendront les bénéficiaires prévus. C'est une conception toute nouvelle que celle de ce
contrat qui se soutient ainsi parce qu'il produit un certain effet. Il faudrait nous montrer que nos principes
juridiques n'y répugnent point. Or, je ne vois pas dans
l'étude, d'ailleurs si intéressante de notre maître, une
justification suffisante de cette idée nouvelle qui serait
la clé de voûte de toute sa théorie (1). »

La jurisprudence paraît donc s'être formée en ce sens
que les bénéficiaires indéterminés ne peuvent avoir de
droit propre.

Les auteurs ont formulé deux sortes d'objections.
« Certains, dit M. Deslandres, en présence de ces formules : « L'indemnité sera payée à mes enfants nés et
à naître », « à mes héritiers », etc., contestent la volonté
de la part de l'assuré, rédacteur de ces clauses, de faire
naître un droit propre au profit des bénéficiaires indiqués dans cette forme incertaine. Grossir son patrimoine
c'est tout ce qu'il a voulu faire ; il a désigné simplement
ceux qui doivent le recueillir. »

Le plus grand nombre, admettant l'intention chez
l'assuré de conférer aux bénéficiaires un droit indépendant de sa succession, nient la possibilité juridique d'atteindre ce résultat au profit de personnes incertaines.

(1) Deslandres, *Recue critique*, Extraits, p. 10, note 1 *in fine.*

Question de volonté, question de pouvoir, voilà les deux points du débat, conclut M. Deslandres (1).

En ce qui concerne la question de volonté, il faut reconnaître au juge un pouvoir absolu d'interprétation et laisser aux tribunaux le soin de décider dans chaque espèce si la clause attributive au profit de bénéficiaires indéterminés révèle le désir ou non de créer à leur profit un droit propre.

Mais d'autre part il faut reconnaître une présomption en faveur du droit propre des bénéficiaires indéterminés et cette présomption est fondée sur la volonté ordinaire qui anime les assurés, sur la nécessité en logique de donner une portée aux termes employés par les contractants, sur l'impossibilité fréquente pour eux de se servir de clauses plus précises, et alors les juges auront le pouvoir de chercher dans les circonstances des causes soumises à leur appréciation si cette présomption est inadmissible (2).

N'est-il pas vrai, en effet, que le sentiment du devoir de protection vis-à-vis des siens dépassant la durée de la vie, la crainte de les laisser sans ressources est l'idée inspiratrice de presque tous les contrats d'assurance? N'est-il pas conforme au bon sens aussi bien qu'à la loi de dire que dans les contrats il faut interpréter les termes employés dans le sens qui leur donne une portée

---

(1) Deslandres, *Du contrat d'assurance sur la vie au profit de bénéficiaires indéterminés* (Extrait de la *Revue critique de législation et de jurisprudence*, 1891, p. 6).

(2) Deslandres, *Revue critique*, 1891, Extraits, p. 8.

pratique ? Or à quoi sert l'indication des héritiers, des enfants comme bénéficiaires, si, malgré elle, l'indemnité tombe dans la succession aussi bien que s'il avait gardé le silence ?

L'assuré emploie des formules vagues dans les polices : mais ces formules vagues peuvent s'imposer aux assurés qui veulent le plus énergiquement constituer un droit propre au profit de leurs bénéficiaires. On ne peut pas conclure du défaut de précision de la clause au manque d'énergie de la volonté (1).

En supposant que l'assuré ait voulu constituer au profit de bénéficiaires indéterminés un droit propre et indépendant de sa succession, il faut savoir s'il l'a pu.

La première objection qui se présente est celle qui résulte du système de la Cour de cassation qui voit dans l'acte juridique de l'assurance sur la vie une stipulation pour autrui, et qui, par suite, présente, comme unique fondement de ses décisions, la règle que l'article 1121 ne peut pas s'appliquer au cas où la stipulation pour autrui a été faite au profit de bénéficiaires indéterminés.

« Les documents judiciaires ne nous donnent pas plus d'explications, dit M. Deslandres, mais il est facile, ajoute cet auteur, de développer la théorie renfermée dans ces quelques mots. La stipulation pour autrui a un effet particulier. Elle place de suite dans le patrimoine du tiers au profit duquel elle est faite, le droit

(1) Deslandres, *Revue critique*, 1891, Extraits, p. 8.

stipulé en sa faveur. C'est pour cela qu'il y a un droit
que l'on peut dire propre ou direct, c'est-à-dire indépendant de la fortune du stipulant, celui-ci n'en est
jamais à aucun moment titulaire. Dès lors, il faut, de
toute nécessité, que la stipulation soit faite au profit de
personnes capables actuellement d'acquérir un droit.
Autrement le droit stipulé tombe dans le patrimoine du
stipulant. Il n'y a plus stipulation pour autrui valable,
quand il n'y a pas désignation de tiers capables d'acquérir. Or les personnes incertaines, non encore exis-
tantes, sont incapables et voilà pourquoi la stipulation
faite en leur faveur est inefficace (1); »

M. Deslandres ne conteste pas la valeur de cette ar-
gumentation, mais, s'il admet une solution contraire à
celle de la jurisprudence, c'est qu'il croit l'opération
entreprise par l'assuré susceptible d'une analyse juridique nouvelle et, avec cette analyse de l'acte, il évite l'objection sans en méconnaître la valeur.

M. Deslandres suppose qu'une personne veut s'assurer et donner à ses enfants à naître un droit à l'abri de
ses créanciers éventuels possibles, elle souscrit sa
police en désignant pour bénéficiaires ses enfants à naître. Pour soutenir que ces enfants auront un droit propre, direct, indépendant de la succession de l'assuré,
voici l'analyse qu'il propose : « Au moment où il y a
entente entre les parties, — l'assuré et la Compagnie,

(1) Deslandres, *Revue critique*, 1891, Extraits, p. 9.

— je ne dis pas qu'il y a stipulation immédiate en faveur des enfants. Elle serait nulle, avec tout le monde je le reconnais, ceux qui devraient en profiter n'existant pas, il n'y a même proprement pas à dire qu'ils sont incapables. — Donc pas de stipulation actuelle. — Mais ne peut-on pas dire qu'il y a actuellement une convention dans laquelle les parties échangent leurs consentements de manière que ces consentements forment plus tard, à l'arrivée d'un événement prévu, la naissance des enfants, une stipulation en leur faveur ? Les principes du droit ne permettent-ils pas de déclarer .. able ce contrat ainsi présenté (1). »

Si cette interprétation est admissible, il est certain qu'elle réalise la volonté de l'assuré : si la formation de la stipulation peut être reportée au moment où les bénéficiaires deviennent, en naissant, capables d'acquérir, ces bénéficiaires seront investis au même moment du droit propre qu'elle produit.

Reste à établir la validité du contrat ainsi analysé. A cet effet, M. Deslandres déclare qu'il y a deux choses à prouver : 1° la validité de cette première convention, de cet échange de volontés qui ne forme pas au moment où il a lieu une stipulation pour autrui ; 2° la possibilité pour ces volontés échangées par avance de se transformer à la seule arrivée d'un événement prévu en une stipulation pour autrui.

(1) M. Deslandres, *Revue critique*, 1891, Extraits, p. 11.

Si l'on examine la convention dès le début, on constate qu'elle consiste en un échange de volontés destinées à devenir seulement à un certain moment un contrat déterminé. Que manquerait-il à cette convention ?
L'article 1108 du Code civil ne nous indique que quatre conditions nécessaires à la formation des contrats.
Or ces quatre conditions se retrouvent dans toute assurance même au profit de bénéficiaires indéterminés ;
ceci n'est pas douteux pour le consentement des parties,
pour leur capacité, pour la cause et même pour l'objet
qui consiste ici dans le consentement donné par chacune
des parties et destiné à former, par la suite, une stipulation en faveur des bénéficiaires futurs.

Rien n'empêche de décider que les consentements
donnés par avance, pourront, à la réalisation d'un événement prévu, se transformer en un contrat donné et
produire alors seulement certains effets. En principe la
volonté des parties est libre. En outre la loi même nous
offre des exemples d'opérations juridiques analogues,
ce qui montre bien que les principes généraux de notre
droit ne répugnent pas à cette conception de volontés
échangées, d'abord inactives et n'engendrant des conséquences juridiques que plus tard.

Pour M. Deslandres, il n'y a aucun danger à décider
que des consentements ainsi donnés par avance, peuvent à la réalisation d'un événement prévu se transformer en un contrat donné et produire alors seulement
certains effets. Pourquoi refuserait-on aux parties le

droit de remettre à plus tard la formation d'un contrat pour lequel elles sont déjà d'accord et donnent dès maintenant leur consentement? En principe la volonté des parties est libre.

« De plus, je veux prouver, ajoute M. Deslandres, que cet intervalle entre l'époque où le consentement se produit et celle où il engendre son effet, qui étonne peut-être, n'est pourtant pas une innovation inventée par moi pour les besoins de la cause (1). »

La loi même, en effet, nous offre bien des exemples d'opérations juridiques analogues où les choses se passent ainsi. Ce qui établit que les principes généraux de notre droit ne répugnent pas à cette conception de volontés échangées, d'abord inactives, et n'engendrant des conséquences juridiques que plus tard.

Dans un contrat sous condition suspensive, le contrat se forme quand les consentements sont échangés, mais en ce sens seulement que les volontés sont liées, les parties ne pouvant plus se rétracter. Il y a lien de droit créé, mais c'est tout. L'objet du contrat est-il une obligation contractée par un débiteur? La dette n'existe pas encore. S'agit-il d'un droit réel à faire passer d'un patrimoine dans un autre? Ce transport n'a pas encore lieu.

Mais la condition vient à se réaliser et tout change. Le contrat « avec le caractère propre qui le distingue »,

---

(1) Deslandres, *Revue critique*, p. 13.

pour parler comme M. Demolombe, se forme, la dette prend naissance, ou le droit réel est transmis.

Et ces effets nouveaux, quelle est la cause qui les produit?

L'événement en se réalisant? Non.

D'un fait, dont aucune des parties n'est l'auteur, ne peut naître entre elles un lien de droit.

Le principe actif, c'est le consentement des parties, tenu en suspens tout d'abord, et maintenant produisant l'effet en vue duquel il a été donné par avance.

« Nous voilà bien, il me semble, dit M. Deslandres, avec le contrat sous condition suspensive, en présence une première fois de volontés échangées à un moment et ne produisant leur effet propre qu'à une époque ultérieure. Les principes du droit admettent cela, et c'est tout ce que je revendique pour le contrat d'assurance au profit de bénéficiaires incertains, dans l'explication que je tente de justifier. »

La théorie des promesses de vente fournit encore un argument à M. Deslandres.

« Ne voyons-nous pas, dans les promesses unilatérales, un consentement fourni d'avance par le promettant, et qui doit, au moment où l'acquéreur manifestera sa volonté d'acheter, former le contrat définitif? Ici encore apparaît un consentement qui, donné à une époque et comme tenu en réserve pendant un temps, produit plus tard son effet, et cet effet, ce qui nous rapproche de notre contrat, n'est plus seulement la création ou le transfert d'un droit comme dans le contrat conditionnel, c'est la formation même du contrat. »

Mais la théorie des promesses bilatérales de vendre et d'acheter, telle du moins qu'elle est exposée par certains auteurs, fournit à M. Deslandres une justification plus complète de sa thèse.

C'est dans l'ouvrage de M. Colmet de Santerre que se trouve l'expression la plus complète de cette manière de voir.

D'après M. Colmet de Santerre, il faut distinguer avec soin les promesses synallagmatiques de vendre et d'acheter qui ne sont subordonnées à aucun délai et les mêmes promesses quand elles sont soumises à un délai indiqué par les parties.

« Nous pouvons bien ne pas assimiler complètement cette hypothèse à la précédente ; l'article 1589 ne nous liera pas, car il est clair que cet article ne proscrit pas une convention contraire à sa disposition ; les volontés sont libres, et une volonté bien nettement exprimée de faire une promesse de vente ne valant pas vente, mais produisant seulement une obligation de réaliser plus tard un contrat de vente, c'est-à-dire une obligation de faire, devrait certainement recevoir ses effets. »

Cette volonté apparaît très clairement, d'après M. Colmet de Santerre (1), dans la promesse mutuelle de vendre et d'acheter dans deux ans. « Peut-on y voir une

____

(1) Colmet de Santerre, t. VII, art. 1589, n° 10 *bis* III, p. 19.

convention de vente avec concession d'un terme pour
la livraison et d'un terme pour le paiement du prix?
C'est ainsi qu'il faut comprendre la double promesse
pour lui donner la force d'une vente. Mais la comprendre ainsi, c'est la dénaturer complètement; ce n'est pas
en traduire les expressions, c'est en substituer d'autres
à celles que les parties ont employées. Les contractants
ont suspendu, jusqu'à l'arrivée du terme, non pas l'exécution de leurs obligations, mais la perfection du contrat de vente lui-même. Elles ont promis de vendre et
d'acheter dans deux ans, tandis qu'elles auraient pu, s'il
s'agissait seulement de retarder l'exécution, promettre
de payer et de livrer dans deux ans.

« Si la loi a pu traduire : je promets de vendre par : je
vends, quand aucun terme n'est indiqué, parce qu'alors
la forme future employée par les parties ne paraît pas
correspondre à une intention sérieuse, ce n'est pas une
raison pour donner le même sens à une phrase dans
laquelle le sens futur est très nettement accentué, puisque l'époque même à laquelle on entend prendre la situation respective d'un acheteur et d'un vendeur est
indiquée dans l'avenir.

« Il ne faut pas ici argumenter de l'article 1138, qui
considère le créancier à terme comme devenu propriétaire avant le terme, parce que cet article suppose une
obligation de donner déjà née et dont l'exécution seule est
retardée, tandis que nous raisonnons sur une hypothèse
où ce que les parties ont voulu retarder, c'est la naissance même de l'obligation. »

Nous pensons donc, conclut M. Colmet de Santerre, que la promesse synallagmatique de vendre et d'acheter, lorsqu'elle est faite à terme, oblige seulement les deux parties, mais ne transfère pas la propriété et les risques tant que le terme n'est pas arrivé. Le vendeur a voulu se réserver le droit de disposer de la chose, sauf à devoir des dommages et intérêts, et l'acheteur n'a pas voulu, pendant le même temps, courir les risques de la chose achetée. Seulement le terme arrivé, la promesse à terme devient une promesse pure et simple, et immédiatement au jour de cette échéance, l'article 1589 s'applique, comme il s'applique dès le jour de la convention aux promesses sans terme, c'est-à-dire que de plein droit la propriété passe à l'acheteur si elle est restée aux mains du vendeur, et que les risques, à partir de ce moment, sont à la charge de l'acheteur.

C'est au nom de la liberté des conventions que M. Colmet de Santerre revendique pour les parties le droit de contracter ainsi, en remettant à plus tard la formation d'une convention à laquelle elles consentent dès maintenant.

Les principes du droit ne lui paraissent pas s'y opposer.

Or, dans son analyse du contrat d'assurance, M. Deslandres affirme qu'il n'y a rien de plus : deux volontés s'unissent en vue d'un contrat, d'une stipulation en faveur de tiers, qui se formera de plein droit lors d'un événement donné, leur naissance.

« Si l'on veut, dit-il, je dirai qu'il n'y a pas au début
de l'opération stipulation pour autrui, mais seulement
promesse bilatérale en vue d'une stipulation pour autrui future. »

MM. Aubry et Rau, il est vrai, enseignent que la promesse de vendre une chose, moyennant un prix déterminé, équivaut à une vente actuelle, et en produit tous
les effets, lorsqu'elle a été acceptée avec promesse réciproque d'acheter, par suite qu'une promesse de vente,
ainsi acceptée, fait immédiatement passer à l'acceptant
la propriété et les risques et périls de la chose, et qu'il
en est ainsi alors même que la promesse aurait été faite
avec indication d'un délai pour sa réalisation (1).

Mais cette opinion est uniquement basée sur l'article 1589 et elle suppose une interprétation vraiment trop
restrictive de la disposition contenue dans cet article ;
elle suppose que la propriété doit nécessairement être
transférée du promettant à l'acheteur aussitôt après la
passation de la vente, or il est évident que les parties
peuvent convenir le contraire. D'ailleurs, ainsi que le
fait observer M. Deslandres, MM. Aubry et Rau ne nous
indiquent pas sur quels principes ils se fondent pour
limiter arbitrairement, en ne permettant pas aux contractants de donner à leur acte la signification qu'ils
désirent, la liberté, donnée par la loi aux parties, de
faire leurs contrats comme ils les entendent (2). Nous

(1) Aubry et Rau, § 349, VIII, p. 332 et 333.
(2) Deslandres, *Revue critique*, 1891, p. 15. .

pouvons faire observer en outre que MM. Aubry et Rau
admettent que les parties, en remettant à un temps plus
éloigné l'exécution de la promesse de vente, peuvent
avoir entendu laisser les risques de la chose à la charge
de l'ancien propriétaire ; et ils comprennent que le juge
serait, suivant les circonstances, aûtorisé à déclarer que
telle a été l'intention des contractants (1). N'y a-t-il pas
contradiction de leur part à interpréter d'une manière
aussi restrictive l'article 1589 en tant qu'il concerne le
transfert de propriété et admettre au contraire toute dérogation aux principes de cet article en ce qui concerne
la question des risques ?

M. Deslandres cherche enfin un dernier argument
dans la théorie des contrats qui ont pour objet une
chose future ; cet argument lui paraît absolument déci-
sif : d'après lui, en effet, ces contrats nous montrent
admis par la loi le mécanisme juridique dont il s'efforce
d'établir la validité.

La vente d'une récolte à venir est valable aux termes
de l'article 1130 du Code civil. Ce contrat peut s'interpréter en ce sens que la vente n'existera pas si la récolte
par une cause quelconque vient à faire défaut. La vente
se trouve alors subordonnée à l'existence future de la
récolte.

D'après M. Deslandres, cette convention ne peut s'a-
nalyser que de la manière dont il analyse l'assurance
au profit de personnes incertaines.

(1) Aubry et Rau, § 319 et note 8, VIII, p. 333. Cf. Larombière, I,
art. 1138, n° 12.

Dans l'acte passé en ces conditions il voit, en effet, au début, des volontés échangées qui ne forment pas une vente présentement, mais qui en formeront une lors de l'arrivée d'un événement prévu, la récolte de la moisson. Et au moment où cet événement se réalise, il voit la convention primitive, qui n'était pas une vente, — M. Deslandres insiste sur ce point, — se transformer en une vente par le fait seul de l'arrivée de cet événe-ment.

Il n'y a pas vente, même conditionnelle, car l'existence future et incertaine d'un élément essentiel d'un contrat n'est pas une condition.

Pour qu'un contrat déterminé existe, il faut que tous ses éléments constitutifs se rencontrent. Pour qu'il y ait vente conditionnelle, il faut d'abord qu'il y ait vente, que tous les éléments de la vente se trouvent réunis. Or l'existence de l'objet est une condition essentielle de toute vente comme de tout contrat, articles 1582, 1106 du Code civil. C'est pour cette raison que devant une vente d'une récolte future, faute d'objet nécessaire à l'existence de la vente, M. Deslandres dit : il n'y a, au moment où les parties s'entendent, qu'un échange de consentements destinés à former une vente plus tard seulement et non pas immédiatement (1).

« Encore une fois, ajoute M. Deslandres, je me trouve en présence d'une convention destinée à devenir par la

_____

(1) M. Deslandres, *Revue critique*, 1891, p. 15 et 16.

suite un contrat qu'elle n'est pas au début. Mais ici la
loi elle-même en reconnaît la validité. »

Certains auteurs, il est vrai, n'admettent pas cette interprétation et soutiennent qu'il y a vente conditionnelle
dans toute vente de chose future, mais, en admettant
même l'existence d'une condition, on aboutit à reconnaître le droit direct des bénéficiaires indéterminés par
le jeu d'une condition ; dans les assurances au profit de
bénéficiaires indéterminés, à naître, il y a une stipulation conditionnelle, la naissance des bénéficiaires formant la condition à laquelle elle est subordonnée. Si
l'existence d'une chose future, objet d'un contrat, bien
qu'élément essentiel de ce contrat peut être mis *in con-
ditione*, pourquoi l'existence des bénéficiaires d'une stipulation ne serait-elle pas la condition de cette stipulation ?

M. Deslandres déclare que les principes du droit s'y
opposent à son sens, mais alors il faut recourir à l'explication différente qu'il a donnée et elle justifie de
même, dit-il, l'analyse qu'il présente de l'assurance au
profit de tiers indéterminés.

M. Deslandres conclut ainsi : « Convention destinée
à ne devenir une stipulation pour les bénéficiaires futurs
qu'au jour de leur apparition, voilà en définitive ce qu'il
faut voir dans ce contrat. Ainsi présenté, il est valable
et investit ces bénéficiaires d'un droit propre (1). »

(1) Deslandres, *Revue critique*, 1891, n° 19, p. 16.

Il est tout à fait curieux, ajoute M. Deslandres, de remarquer que la Cour de cassation, qui a mené une campagne si vive contre le droit propre des bénéficiaires indéterminés de l'assurance sur la vie, admet sans hésitation l'action directe des ouvriers contre la compagnie d'assurances, dans les assurances-accidents, quand un chef d'usine s'est assuré pour tous les sinistres pouvant atteindre son personnel (1).

Au moment du contrat passé pour l'année, les ouvriers sont pourtant des personnes indéterminées.

Si l'opinion de la jurisprudence était exacte en ce qui concerne le droit du bénéficiaire d'une assurance sur la vie, la solution admise par la jurisprudence dans ce cas devrait être la même à l'occasion d'une assurance contre les accidents contractée par un patron au profit de ses ouvriers : l'obstacle au droit propre est le même que pour l'assurance-vie.

La contradiction est flagrante surtout quand les décisions rendues au profit des bénéficiaires indéterminés prennent pour base l'article 1121 du Code civil (2).

La Cour de cassation explique, il est vrai, sa jurisprudence relative aux assurances-accidents par une gestion d'affaires du patron pour ses ouvriers.

Mais M. Deslandres fait à cette jurisprudence une double objection : « Tout d'abord si l'assurance au profit d'autrui peut être interprétée comme une gestion

(1) Cass., 1er Juillet 1885, Sirey, 1885.1.409.
(2) Voir notamment Paris, 30 octobre 1885, Sirey 1886. 2.49.

d'affaires, je ne vois pas pourquoi on ne donnerait pas cette interprétation aussi bien à l'assurance-vie qu'à l'assurance-accidents. Dans l'assurance-vie, on est sûr de la volonté de l'assuré de conférer aux bénéficiaires un droit propre, on ne peut même pas en dire autant dans l'assurance-accidents. Mais de plus, si l'on peut faire un acte de gestion pour un tiers actuellement inconnu, on peut faire également une stipulation pour des personnes actuellement inconnues ou inexistantes mais qui se révèleront plus tard. Dans la gestion d'affaires pour un tiers inconnu il faut bien admettre que l'échange de volontés entre les parties contractantes n'opère pas de suite, puisque celui qui doit recueillir le bénéfice est incapable d'acquérir, c'est donc que le contrat définitif qui doit produire son effet à son profit est remis au moment où ce tiers se révélant deviendra capable d'acquérir. Mais alors on peut de même stipuler pour des bénéficiaires futurs, la stipulation ne se formant, comme nous l'avons dit, qu'au jour où ils deviennent capables (1). »

Ainsi la doctrine de la Cour suprême sur l'assurance-accidents implique contradiction avec sa manière de raisonner en matière d'assurance-vie.

Après avoir ainsi tenté d'expliquer l'existence d'un droit direct sur l'indemnité d'assurance au profit des bénéficiaires indéterminés, M. Deslandres cherche à écarter une difficulté soulevée par M. Labbé.

(1) Deslandres, *Revue critique*, 1891, n° 19, note 1.

D'après M. Labbé, dont l'opinion est d'ailleurs conforme à la doctrine de M. Colmet de Santerre, les bénéficiaires ne pourraient vablement accepter après la mort de l'assuré.

Les bénéficiaires des assurances ne peuvent pas, dit-on, n'accepter le contrat fait en leur faveur qu'après la mort de l'assuré, et se prévaloir néanmoins d'un droit propre contre la compagnie d'assurance. Il faut une acceptation antérieure à son décès pour faire échapper l'indemnité à l'action des créanciers de l'assuré.

La jurisprudence ne peut se laisser toucher par cette objection, elle admet l'acceptation posthume des bénéficiaires déterminés, elle doit l'admettre de la part des bénéficiaires indéterminés.

Sans doute, qu'on le remarque bien, elle ne vise pas, au point de vue théorique, d'une façon particulière le cas d'une assurance au profit de tiers indéterminés. Une personne existant dès le jour du contrat, et désignée comme bénéficiaire de la façon la plus précise, peut n'avoir pas accepté le contrat pendant la vie de l'assuré, tandis que des bénéficiaires incertains, inexistants même au moment de la rédaction de l'acte, peuvent, devenus par la suite capables d'acquérir, accepter l'assurance avant le décès de l'assuré.

Pourtant, en fait, c'est dans notre hypothèse de bénéficiaires incertains que l'objection a le plus d'importance, car, pratiquement, sinon forcément, l'assurance au profit de ces bénéficiaires indéterminés, n'est acceptée qu'après le décès de l'assuré (1).

Il est donc nécessaire, dit M. Deslandres, de concilier l'acceptation des bénéficiaires postérieure au décès avec leur droit propre.

Contre cette solution, M. Labbé, son principal adversaire, a présenté deux objections.

La première consiste à dire qu'une acceptation posthume imprime fatalement à la libéralité, qui se réalise dans l'assurance entre l'assuré et le bénéficiaire, le caractère d'un legs : que, par suite, il est impossible de voir dans cette libéralité, acceptée après la mort du donateur, un acte entre vifs conférant aux bénéficiaires un droit opposable aux créanciers de l'assuré après sa mort.

L'autre objection est basée sur cette considération d'équité qu'une valeur dont une personne a eu la disposition toute sa vie ne peut pas échapper à ses créanciers.

La première objection repose sur la théorie de l'offre, c'est-à-dire sur l'idée que la stipulation pour autrui contient une acquisition par le stipulant puis un transfert au bénéficiaire, et pour que ce transfert soit un acte entre vifs, il faut que ce tiers l'accepte du vivant du stipulant.

M. Deslandres soutient au contraire que le bénéfi-

(1) Deslandres, *Revue critique*, 1891, n° 20.

ciaire ne tient son droit que de l'accord du promettant
et du stipulant et non d'une seconde cession qui aurait
lieu entre lui et le stipulant. L'acceptation de sa part
n'est plus alors l'acceptation d'une pollicitation pour
parfaire un contrat destiné à lui faire acquérir ce droit.
Ce droit lui est acquis avant toute acceptation, dès
que la stipulation a eu lieu. L'aceptation n'est qu'une
prise de possession destinée à rendre irrévocable un
droit déjà acquis. Par suite, n'ayant pas à se lier à la volonté du stipulant pour former un contrat, elle peut
intervenir après sa mort.

L'accord intervenu entre le promettant et le stipulant
dans la stipulation pour autrui est le principe généra-
teur unique du droit du tiers bénéficiaire.

Le caractère exceptionnel de la stipulation pour autrui justifie les critiques de M. Deslandres.

Dans deux hypothèses seulement, l'article 1121 du
Code civil la déclare valable. Elle renferme donc quelque chose d'anormal, puisqu'elle n'est pas toujours
possible. Or qu'y a-t-il en elle d'extraordinaire si le stipulant acquiert d'abord pour lui et puis cède ensuite au
bénéficiaire le droit dont il s'est rendu titulaire? Ce
quelque chose d'exceptionnel, indispensable à l'intelli-
gence de la théorie de la stipulation pour autrui,
M. Deslandres, avec son système, le voit dans la création d'un droit dans le patrimoine du bénéficiaire, sans
son intervention, par le seul accord des volontés du
stipulant et du promettant. Que l'on n'objecte pas,

ajoute M. Deslandres, que ce résultat est contraire aux principes, il nous faut ici quelque chose qui soit contraire aux principes (1).

Ce dernier argument est peu sérieux, il faut l'avouer, mais, ajoute M. Deslandres, le Code ne parle-t-il pas lui-même? L'article 1165 du Code civil nous dit que : « les conventions n'ont d'effet qu'entre les parties contractantes ; elles ne nuisent point au tiers, et elles ne lui profitent que dans le cas prévu par l'article 1121. » Voilà formellement la stipulation pour autrui, notée comme l'acte de deux personnes, produisant pourtant un effet au profit d'un tiers qui y reste étranger. L'acquisition du tiers ne provient donc pas d'un transfert qui aurait eu lieu du stipulant à lui après une acquisition préalable du droit du stipulant.

Pothier explique que l'effet unique de la stipulation pour autrui sanctionnée par une clause pénale ou adjointe à une donation, était, dans les principes purs du droit primitif romain, l'action née de la clause pénale ou la répétition de l'objet donné, le stipulant exerçant ce droit (2). Le tiers n'avait alors aucune action à la suite de la stipulation : « Cela était fondé sur ce principe que les contrats n'ont d'effet qu'entre les parties contractantes ; d'où il suit qu'il ne peut naître d'un contrat aucun droit à un tiers qui n'y a pas été partie. » Les empereurs y dérogèrent. Avec eux, « les tiers en faveur desquels

(1) Deslandres, *Revue critique.*
(2) Pothier, *Traité des obligations*, n° 71.

le donateur appose une charge à sa donation ont une action contre le donataire pour le contraindre à l'exécuter » (1).

Qu'est-ce qui produit cette action ? Naît-elle d'une
cession faite au tiers par le stipulant? Pothier dit formellement le contraire : « Cet engagement que contracte
ce donataire envers ce tiers, et d'où naît cette action,
est un engagement qui n'est pas, à la vérité, formé par
le contrat de donation, ce contrat ne pouvant pas par
lui-même produire un engagement envers un tiers.....
C'est l'équité naturelle qui forme cet engagement.....
C'est pourquoi l'action qui est accordée à ce tiers est
appelée en la loi 3 *actio utilis,* qui est le nom que les
jurisconsultes romains donnaient aux actions qui n'a-
vaient pour fondement que l'équité : « *Quæ contra sub-
tilitatem juris, utilitate ita exigente, concedebantur.* »

Pothier étudie ensuite cette question autrefois con-
troversée : le droit du tiers est-il irrévocable avant toute
acceptation de sa part ?

Certains auteurs l'admettaient et l'ordonnance des
substitutions a confirmé cet avis, c'est donc bien que
cette acceptation n'était pas pour eux l'acceptation d'une
offre faite au tiers par le stipulant, destinée à réaliser le
transfert du droit acquis par le stipulant au tiers, elle
serait sans cela dans ce contrat un élément essentiel et
dont on ne pourrait pas se passer.

(1) Loi 3, C. *De donat. quæ sub modo.*

D'autres auteurs, il est vrai, soutenaient la révocabi-
lité avant l'acceptation et notre Code les a suivis. Mais
quel est leur motif ? Ce n'est pas parce que, jusqu'à
l'acceptation, il n'y a qu'une offre, une pollicitation révocable comme toute pollicitation non encore acceptée.
« Le droit qui est acquis au tiers est un droit qui n'est
pas irrévocable, parcequ'étant formé par le seul consentement du donateur et du donataire sans l'intervention
du tiers, ce droit est sujet à être détruit par la destruc-
tion de ce consentement (1). »

Et quel est dans cette théorie aussi précise que possible l'effet de la mort du stipulant ? Est-ce de rendre impossible l'acceptation faite par le bénéficiaire, parce
qu'un contrat ne peut pas être accepté après la mort du
stipulant (2) ? Tout au contraire.

« Le droit de ce tiers ne devient irrévocable que lorsque la mort du donateur (le stipulant) empêchant qu'il
ne puisse désormais intervenir un consentement contraire, le consentement qui a formé un droit cesse de
pouvoir être détruit. »

« Voilà bien notre ancien droit aussi nettement que
possible contraire à la théorie de M. Labbé et de la jurisprudence sur la stipulation pour autrui. Il affirme la
possibilité pour le bénéficiaire d'accepter après la mort
du stipulant, et son explication théorique du contrat
conduit à cette solution. C'est elle que j'ai reproduite,

(1) Pothier, *Traité des obligations*, n° 73.
(2) Deslandres, *Revue critique*, 1891, n° 25, p. 23.

F. — 10

légitimement, je le crois, dit M. Deslandres, car les rares indications du Code en cette matière, articles 1121,1165 ne font que la confirmer. »

M. Deslandres conclut : la désignation de bénéficiaires indéterminés aboutira presque toujours à une acceptation de l'assurance postérieure à la mort de l'assuré. Mais elle est possible et se concilie avec l'existence de leur droit propre, issu du contrat même (1).

La deuxième objection que formule M. Labbé paraît avoir été surtout inspirée par cette considération d'équité, c'est qu'une valeur dont une personne a eu la disposition toute sa vie ne peut pas-échapper à ses créanciers.

L'équité ne m'oblige pas à prendre parti pour eux, mais le droit strict ?

En droit la créance d'indemnité se trouve-t-elle à la mort de l'assuré dans son patrimoine ?

N'est-il pas démontré que la stipulation pour autrui place de suite, dès l'instant où elle est conclue, la créance qui en naît, dans le patrimoine des tiers désignés ? Sans doute le stipulant peut, jusqu'à l'acceptation de ce tiers, revenir sur ce qu'il a fait et rétracter cette désignation primitive. Mais le droit n'en était pas moins en dehors de son patrimoine, il peut seulement l'y faire rentrer (2).

Au point de vue de l'équité même, est-il vrai de dire

_____

(1) Deslandres, *Revue critique*, 1891, n° 20, p. 22.
(2) Deslandres, *Revue critique*, 1891, n° 29, p. 23 et 24.

que les créanciers privés de la créance d'indemnité à la mort de l'assuré sont frustrés d'une valeur dont jouissait leur débiteur ?

M. Deslandres répond non. Car cette créance change singulièrement de prix, suivant les époques, après ou avant la mort de l'assuré.

Avant le décès, incertaine, subordonnée à la plus aléatoire des conditions, le décès de l'assuré et la continuation de l'assurance jusqu'à cet événement, elle n'a pour ainsi dire aucune valeur vénale. En fait, il n'y a pas de transactions sur ces créances d'indemnités. Les assurés ne peuvent en retirer aucun profit sérieux, ils ne trouveraient pas d'acheteurs.

Après le décès, la créance a une valeur absolue. Le débiteur est une compagnie dont la solvabilité est assurée, sinon par une entière prospérité, du moins par des réserves statutaires considérables. Cette créance vaut cent aujourd'hui, elle ne valait pas dix avant la mort de l'assuré.

Ce sont là les faits. Au point de vue de l'équité, les créanciers auxquels le droit à l'indemnité d'assurance est enlevé, peuvent-ils se dire privés d'une valeur qui était dans le patrimoine de leur débiteur (1) ?

M. Deslandres se refuse absolument à admettre que cette faculté de révocation doive faire considérer la créance d'indemnité comme un bien appartenant à l'assuré et

(1) Deslandres, *Revue critique*, n° 23.

par suite à ses créanciers. Une donation m'a été offerte, l'offre a été maintenue toute ma vie, pour une raison quelconque je ne l'ai pas acceptée, mais j'ai toujours pu le faire. Dira-t-on que mes créanciers, ma mort survenant avant mon acceptation, doivent profiter de cette valeur dont un simple consentement m'aurait rendu maître! Non. De même la faculté pour l'assuré de reprendre le droit placé par la stipulation dans le patrimoine des bénéficiaires, ne fait pas que ce droit soit dans les biens de l'assuré. Nos créanciers ne peuvent s'emparer que de nos droits acquis, non de la faculté d'acquérir que nous pouvons avoir.

Reconnaître aux bénéficiaires le droit d'accepter l'assurance après la mort de l'assuré, ce n'est donc, pas plus en droit qu'en équité, leur permettre de soustraire de son patrimoine une valeur qui s'y trouvait. Et si les bénéficiaires indéterminés ne peuvent dans la pratique des choses, accepter qu'à ce moment, ce n'est pas un obstacle à leur droit (1).

La théorie de M. Deslandres est très séduisante.

Il est d'ailleurs logique avec lui-même puisqu'il n'admet pas que notre contrat soit un contrat d'indemnité. Aussi se croit-il tenu de faire rétroagir les effets de l'acceptation du bénéficiaire au jour du contrat, dans tous les cas au jour de la conception de ces bénéficiaires. Mais c'est là une erreur certaine : l'objet de l'assurance

(1) Deslandres, *Revue critique*, 1891, n° 30.

n'existe pas avant le décès de l'assuré, il ne se forme que par le fait même de la mort du stipulant : une obligation sans objet peut être soumise à une condition.

Dans notre système, étant donné que nous ne pouvons admettre qu'on refuse de voir un contrat d'indemnité dans l'assurance sur la vie, puisque l'intérêt pécuniaire, moral ou d'affection suffit à justifier, soit la créance de l'assuré et l'obligation de l'assureur, soit l'attribution du bénéfice à un tiers, nous ne pouvons que tirer les conséquences logiques de ce que l'assurance sur la vie est essentiellement *un contrat d'indemnité*, contenant une stipulation pour autrui à titre onéreux et soumise à une condition.

Partant de là nous devons prendre comme base de toute explication le principe que la jurisprudence elle-même proclame avec insistance, c'est que : « le capital assuré n'existe pas dans les biens du stipulant durant sa vie, puisque ce capital ne se forme et ne commence d'exister que par le fait même de la mort du stipulant. »

Du moment que l'assurance sur la vie est un contrat d'indemnité, il en résulte en effet que l'indemnité ne peut naître qu'après le sinistre et dès lors les bénéficiaires ne peuvent être titulaires du droit au capital qu'après la naissance de ce droit ou au moment même de la formation de l'objet.

Sans doute le bénéficiaire déterminé pourra, par une déclaration préalable (art. 1121, C. civ.) fixer sur sa tête un droit futur (art. 1130) et le rendre irrévocable ; mais à quel moment faudra-t-il se placer pour apprécier la capacité du bénéficiaire ?

Un point essentiel, c'est que la capacité du bénéficiaire doit exister au moment où le contrat se forme par la naissance de l'objet, l'indemnité, c'est-à-dire au jour du décès de l'assuré.

Que la capacité du bénéficiaire existe au jour du contrat, il n'y a aucun inconvénient et il en résultera même à son profit un avantage sérieux puisque, comme nous venons de le voir, il rendra irrévocable la stipulation de l'assuré par sa déclaration qu'il veut en profiter (art. 1121, C. civ.).

Mais, pour ce bénéficiaire, la capacité devra exister non seulement au jour du contrat ou de l'avenant qui le détermine, mais encore au jour du décès parce que si le bénéficiaire doit être capable au jour où il fixe ses droits sur une chose future, il doit aussi et surtout l'être au moment où cette chose prend naissance, au moment où le contrat se forme puisqu'il n'y a pas de droit sans objet.

Le moment où il y a lieu de considérer la capacité des parties est celui où l'obligation se forme. C'est quand le contrat réunit tous les éléments de validité que la capacité doit exister, sous peine de voir les conventions des parties impuissantes à former un contrat faute d'un élément essentiel.

En conséquence, puisque la capacité doit exister essentiellement à la mort de l'assuré, c'est-à-dire au jour

où l'indemnité, objet de l'obligation, prend naissance,
qu'importe que les bénéficiaires soient ou non déterminés au jour où la convention est formée entre l'assureur
et l'assuré? Ce qui est essentiel, nous le répétons, c'est
que les bénéficiaires soient déterminés ou tout au moins
déterminables au jour où l'obligation prend naissance,
au jour du sinistre.

Que la capacité existe ou non avant cette date, il n'en
faudra pas moins qu'elle existe à l'unique moment où
tous les éléments de validité de l'obligation se trouveront réunis.

A ce jour, c'est-à-dire au jour du décès de l'assuré,
quelle différence y aura-t-il entre les bénéficiaires déterminés et les bénéficiaires indéterminés? Que ceux-ci
soient déterminables et capables à ce jour du sinistre,
cela suffit pour que le droit direct qui naît de la stipulation pour autrui à leur profit se fixe sur leur tête, directement à partir du moment où il a pu exister.

La déclaration faite par un bénéficiaire qu'il entend
profiter de la stipulation faite à son profit a pour effet
de fixer sur la tête de ce bénéficiaire le droit qui découle
de cette stipulation. Cette déclaration peut être faite par
le bénéficiaire même après la mort de l'assuré : la jurisprudence l'admet formellement aujourd'hui.

Dès lors quelle différence y a-t-il entre un bénéficiaire
déterminé ou un bénéficiaire indéterminé?

L'un et l'autre peuvent déclarer après la mort de l'assuré qu'ils entendent profiter de la stipulation faite à
leur profit.

Reste à savoir, il est vrai, à quel moment doit rétroagir l'acceptation.

Mais, nous l'avons dit, le droit à l'indemnité ne peut
prendre naissance qu'après l'arrivée du sinistre, la réalisation de la condition ne peut produire aucun effet rétroactif au delà du décès, car le bénéficiaire d'une créance
ne peut en être saisi avant qu'elle n'ait existé et il n'y a
de créance d'indemnité qu'après l'événement du sinistre.

Donc, puisqu'il ne peut y avoir de rétroactivité au
delà du jour où la créance d'indemnité prend naissance,
c'est à ce jour, au jour du décès, que la capacité des
bénéficiaires doit être considérée, et il suffit par conséquent que les bénéficiaires soient déterminés ou tout au
moins déterminables et capables à ce jour : la distinction
entre bénéficiaires déterminés et indéterminés n'a aucune valeur.

Etant donnée cette explication, sur quels textes pour-
rons-nous baser notre théorie juridique ?

Sur l'article 1121 du Code civil, si le tiers est déterminé, ceci ne nous gêne en rien, puisqu'à notre avis
tous les bénéficiaires au jour du décès doivent être considérés comme déterminés à la seule condition d'être
déterminables à ce jour-là.

Mais nous allons plus loin. La jurisprudence affirme
que c'est l'article 1122 du Code civil, qui régit notre
contrat quand les bénéficiaires sont indéterminés et elle
en tire cette conséquence que le bénéfice du contrat
tombe dans la succession de l'assuré pour être ensuite

dévolu comme valeur successorale à ces bénéficiaires indéterminés en concours avec les héritiers.

Cette interprétation de l'article 1122 du Code civil nous paraît absolument erronée.

Que dit cet article ? « On est censé, dit-il, avoir stipulé pour soi et pour ses héritiers et ayants cause, à moins que le contraire ne soit exprimé ou ne résulte de la nature de la convention.

Or, d'une part, la désignation de ces bénéficiaires, même indéterminés, exprime suffisamment la volonté de l'assuré de soustraire le bénéfice de l'assurance à ses héritiers et de l'attribuer à titre d'indemnité à ceux qu'il a désignés et qu'il considère par conséquent comme les plus susceptibles d'éprouver un dommage à la suite de sa mort.

D'autre part la nature de la convention est d'être essentiellement un contrat indemnitaire : dès lors le bénéfice de l'assurance, en vertu de la nature même de la convention, doit être attribué, non aux héritiers, mais à ceux que l'assuré a désignés et ces bénéficiaires recueilleront le bénéfice de l'assurance, non plus à titre de valeur successorale, mais à titre d'indemnité payable par l'assureur à la suite d'un contrat synallagmatique intervenu dans ce but entre l'assureur et l'assuré.

Par conséquent, en vertu même de cet article 1122 du Code civil, par suite de la volonté de l'assuré autant qu'à raison de la nature du contrat, le bénéfice de l'assurance sera acquis directement aux bénéficiaires sans

passer dans le patrimoine de l'assuré ; il ne tombera
dans le patrimoine de l'assuré, à la disposition des héritiers et des créanciers, que si les bénéficiaires refusent
l'attribution qui leur en est faite, et encore y aurait-il
lieu de discuter si les créanciers pourront invoquer des
droits sur cette indemnité à cause du caractère indemnitaire de ce capital.

Nous concluons donc que, soit par application de l'article 1121 du Code civil, soit par application de l'article 1122 du Code civil, le bénéfice du contrat est dévolu
directement aux bénéficiaires quels qu'ils soient, déterminés ou indéterminés dans le contrat, pourvu qu'ils
soient capables et déterminables au jour où l'indemnité
prend naissance, c'est-à-dire au jour du sinistre.

Tout bénéficiaire, même indéterminé, a donc un droit
direct contre l'assureur pour réclamer cette indemnité
qui n'a jamais pu constituer une valeur successorale de
l'assuré, qui est personnelle au bénéficiaire et ne peut
naître qu'au profit et dans le patrimoine de ce dernier.

CHAPITRE III

EFFETS DU CONTRAT D'ASSURANCE SOUSCRIT AU PROFIT DE BÉNÉFICIAIRES INDÉTERMINÉS.

Nous avons vu que le contrat d'assurance sur la vie au profit d'un bénéficiaire quelconque était essentiellement *un contrat d'indemnité.*

Nous en avons déduit, comme conséquence, que le contrat d'assurance a pour objet une chose future qui ne prend naissance qu'au jour du décès de l'assuré, puisque c'est à ce jour seulement que prend naissance le droit à l'indemnité.

De ce que cette indemnité, chose future, est l'objet de l'obligation de l'assureur et que cet objet ne peut naître qu'au jour du décès de l'assuré, il résulte nécessairement que le bénéficiaire, quel qu'il soit, qui est appelé à recueillir le capital assuré, n'a de droit sur cette indemnité qu'au jour où cet objet prend naissance.

De cette observation nous avons déduit le principe d'un droit direct contre l'assureur au profit du bénéficiaire, et nous avons montré l'illogisme de la jurisprudence qui, après avoir proclamé elle-même le principe que l'indemnité, objet de la stipulation pour autrui, ne peut exister avant le décès de l'assuré, prétend ne reconnaître de droit direct qu'au bénéficiaire déterminé du vivant de l'assuré, illogisme d'autant plus accentué que la jurisprudence n'hésite pas à donner le même droit au bénéficiaire déterminé, quelle que soit l'époque à laquelle il est déterminé, qu'il le soit dans le contrat d'assurance lui-même ou dans un avenant postérieur, illogisme d'autant plus certain que la jurisprudence n'hésite pas non plus à permettre à tout bénéficiaire déterminé d'accepter, même après le décès de l'assuré, le bénéfice de l'assurance.

Cependant, étant donné qu'il s'agit d'une chose future qui ne peut prendre naissance, à raison du caractère indemnitaire de l'assurance, qu'après l'événement du risque que celle-ci est destinée à couvrir, n'est-il pas évident qu'il n'y a aucune distinction à faire entre le bénéficiaire déterminé d'une part et le bénéficiaire indéterminé quel qu'il soit, qu'il s'agisse d'un bénéficiaire futur, c'est-à-dire indéterminé quant à son existence, ou d'un bénéficiaire indéterminé quant à son individualité, pourvu bien entendu qu'il soit déterminable au jour du décès ?

C'est donc au jour du décès seul que nous devons nous placer pour apprécier le droit du bénéficiaire quel qu'il soit ; c'est donc à ce jour seul que le bénéficiaire doit être conçu ou déterminable et par conséquent il n'y a aucune distinction à faire entre un bénéficiaire déterminé ou indéterminé pourvu qu'au jour du décès la détermination soit suffisante pour savoir sur quelle tête

le droit direct au bénéfice de l'assurance doit prendre
naissance : il faut et il suffit que la détermination existe
à ce jour.

Ainsi donc :

1° Contrat d'indemnité ;

2° Naissance du droit à l'indemnité au jour du décès
de l'assuré ;

3° Droit direct contre l'assureur au profit du bénéficiaire à ce même jour.

Tels sont les principes que nous avons cherché à établir dans les chapitres précédents.

Dans ce chapitre III, nous allons tâcher de montrer
les effets de l'assurance sur la vie au profit des bénéficiaires indéterminés suivant qu'ils se trouvent en conflit, soit avec des héritiers, soit avec des créanciers.

**§ 1. — Effets du contrat d'assurance souscrit au profit de
bénéficiaires indéterminés vis-à-vis des héritiers de l'assuré.**

Les conflits entre bénéficiaires indéterminés et héritiers ne pourront s'élever que très rarement.

Quels sont les bénéficiaires indéterminés ?

Ce sont les héritiers désignés collectivement, c'est-à-
dire ceux-là même qui peuvent aussi invoquer un droit
sur l'indemnité en leur qualité d'héritiers, à défaut de
désignation.

Il est vrai qu'ils recueillent, à titre d'ayant droit à une
indemnité, le bénéfice de l'assurance, tandis qu'ils re-

cueillent à titre d'ayant droit à une succession leur part
d'héritage.

Mais si l'assuré, ainsi que cela arrive le plus souvent,
a désigné d'une manière collective comme bénéficiaires
tous ses enfants nés ou à naître, ce sont les mêmes personnes qui pourraient se plaindre, à titre d'héritiers,
de la manière dont l'indemnité leur serait attribuée à
titre de victimes d'un sinistre.

C'est inadmissible.

Pour que le conflit se produise, il faudrait supposer
que l'assuré eût désigné comme bénéficiaires tous ses
enfants nés ou à naître, à l'exclusion d'un enfant désigné nominativement et que l'assuré voudrait écarter du
bénéfice pour un motif quelconque.

On conçoit en effet, dans ce cas, que l'enfant exclu ait
intérêt à critiquer la disposition faite à son préjudice et
à soutenir qu'il a des droits égaux à ceux de ses cohéritiers.

Supposons que nous nous trouvons dans cette hypothèse, nous allons rechercher quels sont les droits qu'il
pourrait exercer contre la stipulation faite à son exclusion.

En principe, il semble conforme à la loi de reconnaître
aux héritiers :

A. Le droit de révoquer la stipulation pour autrui ;

B. Le droit de demander le rapport (art. 843, C. civ.) ;

C. Le droit de faire réduire l'attribution de l'indemnité
aux bénéficiaires (art. 913 et suiv., C. civ.).

L'héritier exclu d'une attribution collective faite à des bénéficiaires indéterminés peut-il invoquer ces différents droits ?

A. *Droit de révoquer la stipulation pour autrui.*

En principe la stipulation pour autrui ne devient pas irrévocable par la mort du stipulant ; les héritiers de ce dernier peuvent la rétracter et s'attribuer le bénéfice de la charge. « Si la faculté ne disparaît pas quand le stipulant décède, il n'y a pas de raison, d'autre part, pour qu'elle ne soit pas, comme du vivant de ce dernier, exposée à l'éventualité de la révocation. Le tiers doit être, au regard des héritiers du stipulant, dans la situation où il se trouvait au regard du stipulant lui-même ; il conserve son droit, mais, à défaut d'acceptation, ce droit demeure aussi fragile qu'avant la mort du stipulant (1). »

Cette règle est admise en principe pour toutes les stipulations pour autrui qui ne sont pas contenues dans une assurance sur la vie.

Au contraire, quand la stipulation pour autrui est contenue dans une assurance sur la vie, l'acceptation *post mortem* peut-elle être empêchée par une révocation émanée des héritiers de l'assuré ?

Chose remarquable, la Cour de cassation n'a pas eu encore à se prononcer sur ce point, nous ne pouvons donc trouver aucune indication dans la jurisprudence.

(1) Baudry-Lacantinerie et Barde, *Des obligations*, n° 171, t. 1, p. 187.

Mais, à notre avis, disent MM. Baudry-Lacantinerie et
Barde, le droit de révocation est exclusivement attaché
à la personne de l'assuré. Il ne peut pas être exercé
après son décès par ses héritiers.

La solution contraire serait en opposition manifeste
avec les intentions de l'assuré ; elle permettrait à l'assuré de paralyser l'assurance en rendant impossible
l'acceptation du bénéficiaire qui, en pratique, se produit
le plus souvent après la mort de l'assuré. Les héritiers
ne peuvent pas plus révoquer la stipulation pour autrui
contenue dans l'assurance faite par leur auteur au profit d'une personne déterminée, qu'ils ne peuvent révoquer une disposition testamentaire faite par ce même
auteur (1).

Cette solution serait certainement celle de la jurisprudence quand il s'agit de bénéficiaires déterminés.

Au contraire, quand l'assurance est faite au profit de
bénéficiaires indéterminés, la jurisprudence, faisant une
fausse application de l'article 1122 du Code civil, estime
que le bénéfice du contrat tombe dans la succession de
l'assuré ; il en résulte que ce bénéfice serait à la disposition des héritiers qui pourraient, à leur gré, révoquer
la stipulation d'indemnité au profit de bénéficiaires indéterminés.

Nous avons déjà critiqué cette interprétation de l'article 1122 du Code civil (2) ; par suite, dans notre sys-

_____

(1) Baudry-Lacantinerie et Barde, *Des obligations*, t. 1, n° 196, p. 211,
note 2.
(2) Voir plus haut, p. 104.

tême, il est éviden! que les héritiers ne sauraient invoquer ce droit.

L'assurance étant essentiellement un contrat indemnitaire, l'indemnité ne peut naître que sur la tête des
victimes du sinistre; sans doute l'assuré avait le droit
de désigner à son gré, de choisir ceux qui, à ses yeux,
avaient le plus de droit de recevoir cette indemnité,
mais sa mort a mis fin à toute espèce de faculté de révocation : dès que la mort est survenue, la situation des
parties est liée, elle est irrévocable, le bénéficiaire quel
qu'il soit, déterminé ou indéterminé, a la saisine de son
droit, il n'a plus qu'à déclarer qu'il veut en profiter
(art. 1121, C. civ.) pour fixer définitivement sur sa tête
et recueillir le bénéfice du contrat.

Ainsi que nous l'avons dit plus haut, le bénéficiaire
déterminé jouit d'un avantage : il peut, même du vivant
de l'assuré, déclarer qu'il veut profiter de la stipulation
faite à son profit et son droit, quoique toujours éventuel et conditionnel, sera désormais fixé irrévocable-
ment sur sa tête, en ce sens, du moins, que l'assuré ne
pourra apporter aucune modification à l'attribution qu'il
avait faite et que la déclaration du bénéficiaire a désormais rendue définitive.

Mais, en dehors de cet avantage, la situation du bénéficiaire indéterminé est la même que celle du bénéficiaire déterminé.

La mort de l'assuré, met fin à l'exercice de ce droit de
révoquer la stipulation; par conséquent, le bénéficiaire,

même indéterminé, devient immédiatement, sous réserve de sa déclaration et aussitôt après le décès de l'assuré, titulaire de l'indemnité sans qu'aucune volonté, autre que la sienne, puisse faire naître le droit à l'indemnité dans un autre patrimoine que le sien.

Dans notre système, plus encore que dans tout autre, les héritiers seront privés du droit de révoquer la stipulation pour autrui contenue dans une assurance en cas de décès souscrite au profit d'un bénéficiaire même indéterminé.

B. *Droit de demander le rapport* (art. 843, C. civ.).

Nous n'avons pas à rappeler ici les principes des rapports. Aux termes de l'article 843 du Code civil : « Tout héritier, même bénéficiaire, venant à une succession, doit rapporter à ses cohéritiers tout ce qu'il a reçu du défunt, par donation entre vifs, directement ou indirectement ; il ne peut retenir les dons ni réclamer les legs à lui faits par le défunt, à moins que les dons et legs ne lui aient été faits expressément par préciput et hors part, ou avec dispense du rapport. »

Signalons, en outre, l'article 851 du Code civil, en vertu duquel : « Le rapport est dû de ce qui a été employé pour l'établissement d'un des cohéritiers ou pour le paiement de ses dettes. » C'est en effet le plus souvent pour assurer l'établissement des enfants, a-t-on dit, que l'assurance est contractée au profit de bénéficiaires indéterminés ; cette disposition peut donc avoir, dans notre matière, une importance spéciale.

Par application de ces principes, la Cour de cassation, par arrêt du 8 février 1888, décida que la stipulation du capital assuré au profit de bénéficiaires déterminés « constitue une véritable libéralité, à laquelle sont applicables les règles concernant les rapports, soit qu'il s'agisse d'assurer l'égalité des partages entre cohéritiers, ou de déterminer à l'égard des réservataires, légataires et donataires, le montant de la réserve ou de la quotité disponible » (1).

Si l'on considère, en effet, que l'attribution du bénéfice de l'assurance à un tiers constitue une libéralité, cette donation, bien que dispensée des formes prescrites par le droit commun, demeure soumise aux règles de fond des donations en général et notamment aux dispositions législatives concernant le rapport et la réduction (2).

La nécessité de maintenir l'égalité des partages imposait cette solution : « Il ne peut se faire qu'à l'aide de l'assurance sur la vie, le père de famille puisse porter atteinte au grand principe de l'égalité des partages et constituer on ne sait quel droit d'aînesse déguisé. Le principe de l'égalité des partages est manifestement la considération qui a dominé dans la décision de la chambre civile (3). »

(1) Cass., 8 février 1888, Sirey, 1888.1.121.
(2) Cass., 8 février 1888, Sirey, 1888.1.121 et note de M. le conseiller Crépon. Cass., 22 février 1893, Dalloz, 1891.1.401.
(3) Crépon, note dans Sirey, 1888.1.121.

Dans cette doctrine il y avait donc toujours lieu à rapport.

Mais une controverse assez vive avait été soulevée sur le point de savoir si le rapport devait porter sur le montant intégral de l'indemnité d'assurance ou seulement sur les primes payées par l'assuré pour maintenir le contrat.

La Cour d'Agen, faisant une application rigoureuse de la jurisprudence de la Cour suprême, par arrêt du 25 mai 1894, décida que le bénéficiaire doit rapporter le montant de la libéralité à la succession de l'assuré, s'il vient à cette succession en concours avec d'autres héritiers (1). Or le montant, l'objet de la libéralité, est l'avantage recueilli par le bénéficiaire. C'est donc le bénéfice de l'assurance sur la vie qui est sujet à rapport, c'est-à-dire le capital assuré et non pas le montant des primes versées. Le tribunal de la Seine, par un jugement du 30 décembre 1896, vient de faire encore application de cette doctrine.

Mais cette opinion est inadmissible. Sans doute toute libéralité doit être rapportée par les cohéritiers qui sont en même temps donataires ou légataires, mais s'il y a libéralité, en quoi consiste-t-elle? Pour faire une libéra-

<hr/>

(1) Agen, 25 mai 1894, Dalloz, 1895.2.513 ; Tribunal de la Seine, 30 décembre 1896. M. le conseiller Crépon avait soutenu en 1888 cette opinion : « Autrement, disait-il, si on obligeait au rapport des primes, il pourrait arriver qu'on eût à rapporter une somme supérieure à la somme due par la compagnie d'assurances. » Rapport de M. le conseiller Crépon, Cass., 8 février 1888, Sirey, 1888.1.121.

lité il faut prendre dans son patrimoine la chose donnée, il faut s'en dépouiller ; or la chose prétendue donnée n'a jamais appartenu à celui qui l'a donnée, il ne s'en est pas dépouillé, non seulement parce qu'elle ne lui appartenait pas, mais encore parce qu'elle n'existait pas. Et ceci est admis sans discussion par la Cour suprême qui a solennellement affirmé dans tous ses arrêts depuis 1884, que le capital assuré ne se forme et ne commence d'exister que par le fait même de la mort du stipulant (1). S'il y a libéralité elle ne porte donc pas sur ce capital.

Sans doute il faut maintenir l'égalité des partages. Mais l'égalité des partages ne sera compromise que s'il s'agit de biens composant le patrimoine du père de famille, elle ne pourra pas l'être s'il s'agit de choses en dehors de ce patrimoine, n'en ayant jamais fait partie. Or il n'est plus contesté aujourd'hui que le capital assuré n'a jamais fait partie du patrimoine de l'assuré. S'il y a lieu à rapport, il est donc certain que ce rapport ne pourra porter sur le montant intégral de l'indemnité.

En réalité, la libéralité, si elle existe, n'a lieu que par rapport aux primes payées par l'assuré ; c'est en cela seulement que consiste l'appauvrissement de l'assuré et il ne saurait y avoir libéralité que dans cette limite.

Dans la critique qu'il a faite de l'arrêt d'Agen du

(1) Note dans Sirey, 1896.1.361.

25 mai 1894, M. Dupuich affirme que, pour régler les rapports de cohéritier à cohéritier dans le cas qui nous occupe, ce qu'il faut faire entrer en compte, c'est le montant des primes, c'est-à-dire la seule valeur qui soit effectivement sortie du patrimoine du stipulant.

« Les motifs énoncés par la Cour d'Agen, pour appuyer sa décision sont des plus sommaires, dit M. Dupuich ; ils se réduisent à ceci : « La chose donnée, dans l'espèce, est le capital de l'assurance, lequel est devenu la représentation des primes à la faveur des combinaisons aléatoires du contrat ;... ce qui constitue la libéralité, c'est le montant de l'assurance et non les primes payées par le père, lesquelles ne sont pas la chose donnée. » Ce n'est là qu'une affirmation. Il est regrettable que la Cour n'ait pas pris soin, tout au moins, de dégager le siège du problème, la raison de douter qui gît en ceci : « Rapporter, dit Pothier, signifie remettre à la masse des biens du donateur quelque chose qui en est sorti; *on ne peut point y remettre, y rapporter ce qui n'en est point sorti;* donc il ne peut y avoir lieu au rapport que lorsqu'un père ou une mère ont fait sortir quelque chose de leurs biens, qu'ils ont fait passer à quelqu'un de leurs enfants. » Or, puisqu'on est d'accord pour reconnaître que, dans le cas qui nous occupe, le bénéfice de l'assurance n'a pu sortir du patrimoine du défunt, attendu qu'il n'y était jamais entré, comment admettre qu'il devra néan-

(1) Dupuich, note dans Dalloz, 1895.2.513.

moins faire l'objet d'un rapport? La Cour d'Agen ne s'explique point à cet égard. Nous persistons donc à penser, avec la Cour de Paris, que le rapport ne peut logiquement porter sur autre chose que sur la valeur sortie du patrimoine du stipulant, c'est-à-dire les primes.

Supposons que l'on n'admette pas ce système. S'ensuivra-t-il que la valeur rapportable sera le capital touché par le bénéficiaire ?

Aucunement. Ce qui doit être rapporté, c'est la valeur de l'objet donné lors de la donation (art. 868, C. civ.).

Quel est donc l'objet donné, si l'on ne veut pas que ce soient les primes ?

· Ce ne peut être le capital assuré : au jour de la donation, c'est-à-dire au jour du contrat d'assurance, puisque, par l'effet de l'acceptation du bénéficiaire, l'effet du contrat rétroagit à cette date (1), le bénéficiaire ne recueille pas le capital assuré qu'il ne touchera qu'au décès du stipulant; il reçoit purement et simplement une créance de ce capital contre la compagnie (2).

Il faut donc, pour calculer le rapport, estimer la valeur de cette créance au jour de la donation, c'est-à-dire du contrat. Or, à cette date, la valeur de la créance stipulée de la compagnie n'équivant aucunement au capital assuré. Cette créance est une créance conditionnelle. Le bénéficiaire n'est nullement investi au jour du contrat d'une créance ferme du capital assuré, reportée pour son

(1) Note dans Dalloz, 1891.2.57.
(2) Note dans Dalloz, 1893.1.401.

exécution au jour du décès du stipulant ; cette créance ne lui est acquise qu'autant que diverses conditions se trouveront réalisées et notamment que les primes seront régulièrement payées jusqu'à ce décès (1) ; donc, au jour du contrat, il n'acquiert qu'une chance de recueillir le capital assuré.

« C'est donc, dit M. Dupuich, la valeur de cette chance qui doit être prise en considération pour le calcul du rapport. Or la valeur de cette chance, telle qu'elle résulte des calculs de probabilité, c'est la prime ; c'est même rigoureusement la *prime pure*, déduction faite *du changement*..... Mais cette donation d'une chance de gain se renouvelle, comme dit M. Planiol, « chaque fois que le signataire de la police verse sa prime annuelle ». Il en résulte que lors du décès de l'assuré, le bénéficiaire a reçu autant de fois une chance de gain équivalente à la prime, qu'il y a eu de primes effectivement versées. Si donc on prend en considération pour le calcul du rapport, non pas (ainsi que nous le proposons) le total des sommes sorties du patrimoine de l'assuré, mais la valeur des créances entrées dans le patrimoine du bénéficiaire, cette valeur ne saurait en tout cas être autre que le total des primes successives ; jamais elle ne consistera dans le montant du capital ultérieurement recueilli par le bénéficiaire (2). »

Ainsi donc, même dans le système qui admet le rap-

(1) Note dans Dalloz, 1892.2.151.
(2) Dupuich, note dans Dalloz, 1895.2.5|3.

port, il ne saurait y avoir d'autre rapport que celui des primes payées.

Dans tous les cas, il faut remarquer que ce principe ne peut imposer le rapport que dans le cas où le chiffre des primes est en disproportion avec les revenus du stipulant, qu'elles ne sont pas un prélèvement, une économie normale sur ses revenus mais un véritable prélèvement sur le capital ; sinon capital assuré et primes versées appartiennent au bénéficiaire de la police, d'abord parce que le capital assuré n'a jamais fait partie du patrimoine du stipulant, ensuite parce que ce patrimoine n'a été diminué par aucune emprise permettant d'apercevoir une libéralité, un avantage indirect contraire aux prescriptions de la loi.

C'est ce que la Cour de cassation exprimait en disant que les primes sont, « suivant les circonstances, sujettes à restitution » (1).

Ajoutons que la théorie du rapport du capital par les cohéritiers bénéficiaires était inconciliable avec celle d'autres arrêts de la Cour de cassation dans lesquels la femme bénéficiaire était soustraite à l'application de l'article 564 du Code de commerce, par ce motif que le bénéfice de l'assurance contractée au profit de cette dernière par son mari « n'a jamais fait partie du patrimoine de l'assuré » (2).

La Cour de cassation avait ainsi décidé à quelques

(1) Cass., 22 février 1888 ; 23 juillet 1889 ; 22 juin 1891.
(2) Cass., 23 juillet 1880.

jours de distance que la femme du failli ne doit pas rapporter à la masse le capital assuré à son profit par le
failli, et néanmoins que ce capital, s'il a été stipulé au
profit d'un successible de l'assuré, est sujet au rapport,
et doit également entrer dans le calcul de la réserve (1).

C'est à l'occasion de décisions aussi contradictoires
que M. Thaller reprochait à la doctrine de la jurisprudence de manquer de netteté et même de concordance.
« Il s'en faut, disait-il, que les solutions émises procè-
dent de la même pensée. Si ce capital n'a jamais fait
partie des biens de l'assuré, cette assertion est vraie
de la matière du rapport à succession et de l'action en
réduction comme des difficultés de la faillite.

D'où vient donc que la chambre civile, cassant un arrêt
de Douai, le 8 février 1888, ait soumis à l'obligation du
rapport dans un conflit entre héritiers le capital d'une
police souscrite au profit d'enfants dénommés, alors que
les notions aujourd'hui en faveur voudraient que le rapport eut pour objet l'ensemble des primes versées du vivant de l'assuré ? » (2).

M. Boistel, il est vrai, a cherché à démontrer que l'on
peut concilier l'admission du rapport en cas de succession et l'exclusion du rapport en cas de faillite.

M. Boistel ne croit pas que les deux questions doivent être résolues par les mêmes considérations et

(1) Voyez les arrêts cités dans Dalloz, *Supp. au Rép. Alph.*, V* *Ass.*
terr., n° 458.
(2) Thaller, *Ann. de dr. comm.*, 1888, p. 100 et suiv.

dans le même sens et il approuve, au contraire, la distinction faite entre elles par la Cour de cassation (1).

En ce qui concerne l'action paulienne, en ce qui concerne les droits de la faillite, le simple manque de gagner, le refus par le débiteur d'augmenter son patrimoine ne semble pas pouvoir être critiqué ; au contraire, en ce qui concerne le rapport et la réduction, l'avantage que le *de cujus* a procuré au bénéficiaire en refusant de l'acquérir pour lui-même, la créance qu'il a détournée de son propre patrimoine pour la faire parvenir dans le patrimoine de celui qu'il a entendu gratifier, constituent des libéralités indirectes, soumises à toutes les règles restrictives de la loi :

C'est cette dernière proposition que M. Boistel a essayé d'établir.

L'article 843 du Code civil, soumet certainement au rapport les libéralités indirectes (V. également l'art. 853).

Mais jusqu'où doit aller la rigueur dans l'appréciation des avantages procurés ainsi directement au successible ?

Aux termes de l'article 854 du Code civil : « Il n'est pas dû de rapport pour les associations faites sans fraude entre le défunt et l'un de ses héritiers, lorsque les conditions en ont été réglées par un acte authentique. »

Le mot *fraude* contenu dans cet article vise simplement les inégalités que le pacte social aurait pu établir

---

(1) Boistel, note dans Dalloz, 1889. 2. 153. V. aussi Boistel, D. 1891. 2.0.

entre les deux associés, comme la stipulation pour l'héritier d'une part plus forte dans les gains que dans les
pertes, ou d'une part dans les gains non proportionnelle
à sa mise. Ces stipulations seraient parfaitement régu-
lières dans toute espèce de société (art. 1853, C. civ.);
elles seraient aussi valables entre le *de cujus* et le successible; mais elles obligeraient celui-ci au rapport de
tous les avantages qui en seraient résultés à son profit.

« Cette solution est tout à fait typique pour résoudre
par analogie la question posée, dit M. Boistel. Il est évident que, dans une association avec des droits inégaux
pour les deux parties, les profits qui entrent dans le
patrimoine du successible, ne sortent nullement de celui
du *de cujus*; celui-ci ne s'appauvrit pas par l'effet de ces
stipulations; il manque seulement de gagner la part
plus forte qui devrait lui revenir dans les profits; il
détourne le cours de ces profits pour les faire arriver
dans le patrimoine du successible au lieu d'arriver dans
le sien. Or c'est exactement ce qui arrive dans l'assurance au profit d'autrui; l'assuré pourrait laisser arriver
dans ses biens le capital promis puisque la compagnie,
traitant avec lui, s'offre de le payer à qui il voudra; au
lieu de cela, il le fait entrer (sous diverses conditions,
peu importe) dans les biens du bénéficiaire. Il y a donc
pour celui-ci un avantage indirect d'une nature identi-
que à celui qui est prévu par l'article 854 du Code civil,
le rapport en est dû (1). »

(1) Boistel, note dans Dalloz, 1889.2.153. .

Malgré toutes les tentatives de conciliation, cela était difficile à admettre, en présence de ce principe : que le capital assuré n'a à aucun instant fait partie du patrimoine du stipulant. Dès lors, comment peut-il se faire que ce capital devienne, au décès, valeur successorale et qu'il doive entrer en compte pour le calcul de la quotité disponible (1) ?

Il y avait là un défaut de logique qui avait été souvent signalé (2).

Il ne faut donc pas être surpris si la jurisprudence de la Cour de cassation a été l'objet de vives critiques.

Plusieurs Cours d'appel refusèrent nettement de suivre une pareille jurisprudence. Par arrêt du 7 mai 1888, la Cour de Bourges décida que le bénéfice de l'assurance ne pouvait être considéré comme le résultat d'une libéralité sujette à rapport et à réduction jusqu'à concurrence de la quotité disponible (3).

La Cour de Paris décida de son côté que : le bénéfice de l'assurance n'ayant jamais fait partie du patrimoine de l'assuré, « il ne peut y avoir lieu à l'application de l'article 922 du Code civil » (4).

(1) Notons que, pour contraindre le bénéficiaire d'une police d'assurance à rapporter à la succession du stipulant le montant des primes versées par ce dernier, il fallait bien entendu qu'il existât entre le demandeur en rapport et le bénéficiaire un lien de cohéritiers. Si ce lien n'existait pas et si, d'autre part, le bénéficiaire n'était débiteur envers la succession du stipulant en vertu d'aucun contrat ou quasi-contrat, c'était à bon droit que le rapport ou la restitution des primes étaient refusés (art. 857, 1121, 1375, C. civ.).

(2) Voir Labbé, note dans Sirey, 1889.2.121.

(3) Bourges, 7 mai 1888, Sirey, 1880.2.16.

(4) Paris, 30 avril 1891, Sirey, 1891.2.131.

C'est cette jurisprudence que la Cour suprême vient enfin de sanctionner.

Par arrêt du 29 juin 1896, la Cour de cassation a reconnu, contrairement à la jurisprudence antérieure, que le bénéfice d'une assurance souscrite au profit d'une personne désignée n'est pas assujettie aux réductions prescrites par la loi, en ce qui concerne les donations ou legs qui dépassent la quotité disponible dans la succession du testateur ou donateur.

Il va de soi que les questions de rapport et de réduction ne se poseraient pas si cette attribution avait lieu à titre onéreux, et que le juge du fait aurait dès lors préalablement à constater quel en est, au juste, le caractère (1).

Il faut bien remarquer, en outre, que tout ce que nous venons de dire s'applique uniquement, d'après la jurisprudence, aux bénéficiaires déterminés.

Quand l'assurance est contractée au profit de bénéficiaires indéterminés, au contraire, du moment que la jurisprudence admet que le bénéfice du contrat tombe dans la succession pour être attribué ensuite comme valeur successorale aux dits bénéficiaires, il est évident que cette valeur doit comme toute autre valeur successorale être soumise au rapport, à moins qu'il n'y ait clause de préciput ou hors part.

---

(1) Cass., 21 juin 1876, Dalloz, 1878.1.429; Cass., 9 mai 1881, Dalloz, 1882.1.97.

La jurisprudence actuelle de la Cour suprême peut donc être résumée ainsi :

Le bénéficiaire d'une assurance sur la vie ne doit pas le rapport du capital assuré. parce que ce capital n'a jamais fait partie du patrimoine de l'assuré et ne constitue pas une valeur successorale ; il ne doit le rapport des primes que si le montant de ces primes dépasse les revenus et ne peut être par suite considéré comme versé avec dispense de rapport conformément à l'article 852 du Code civil. Il n'y a d'exception à cette règle que si la stipulation pour autrui est certainement faite dans le but de garantir l'exécution d'un acte à titre onéreux. Les tribunaux ont un pouvoir souverain d'appréciation pour estimer l'importance des primes et rechercher le but de la stipulation pour autrui.

Même dans cette limite, nous croyons que cette jurisprudence est erronée et nous soutenons que le rapport des primes n'est jamais dû, « à moins qu'il ne résulte clairement des circonstances que le défunt a agi dans l'intention d'exercer une libéralité envers ce tiers » (1).

Nous avons démontré en effet :

1° Que l'assurance en cas de décès est essentiellement un contrat d'indemnité, par conséquent que le capital assuré ne se forme et ne commence d'exister que par le fait même de la mort du stipulant, par conséquent qu'il n'existe pas dans les biens de l'assuré durant sa vie et ne peut former une valeur successorale ;

(1) Aubry et Rau, § 684, texte et note 14, t. IV, p. 189.

2° Que l'assurance en cas de décès ne peut jamais contenir une libéralité au profit du tiers désigné comme bénéficiaire de la stipulation, car il est certain que toute assurance a toujours pour cause l'obligation soit civile soit naturelle de réparer un préjudice matériel, moral ou d'affection et par conséquent la stipulation pour autrui ne contient pas une libéralité au profit du tiers bénéficiaire.

Etant donnés ces principes, il est évident pour nous que le rapport du bénéfice d'une assurance ne peut exister.

Le bénéficiaire, en effet, ne saurait être contraint de rapporter une valeur qui lui est attribuée à titre d'indemnité, comme compensation d'un préjudice soit moral, soit pécuniaire, ou comme dédommagement de la rupture d'une obligation naturelle que l'assuré aurait dû accomplir; non seulement l'indemnité n'est pas une valeur dépendant du patrimoine de l'assuré, mais encore elle est stipulée pour l'accomplissement d'une obligation à sa charge, elle ne peut être considérée comme faisant l'objet d'une libéralité.

Donc, en aucun cas, il n'y a lieu à rapport du bénéfice de l'assurance et ce que nous disons s'applique aussi bien au bénéficiaire indéterminé qu'au bénéficiaire déterminé.

Dans notre système, en effet, les bénéficiaires indéterminés ont un droit direct sur l'indemnité au même titre que les bénéficiaires déterminés; il en résulte que le bénéfice de l'assurance ne tombe pas dans la succession de l'assuré ; il naît directement dans le patrimoine de ces bénéficiaires au jour du décès de l'assuré et à titre d'indemnité : il ne saurait donc être question ni de libéralité ni d'égalité des partages.

C. *Droit de faire réduire l'attribution de l'indemnité aux bénéficiaires* (art. 913 et suiv., C. civ.).

Pour la réserve les mêmes difficultés que pour le rapport ont été soulevées.

L'arrêt de la Cour de cassation du 8 février 1888 décidait que la stipulation du capital assuré au profit de bénéficiaires déterminés « constitue une véritable libéralité à laquelle sont applicables les règles concernant les rapports, soit qu'il s'agisse d'assurer l'égalité des partages entre cohéritiers ou de déterminer à l'égard des réservataires, légataires et donataires, le montant de la réserve ou de la quotité disponible (1) ».

La Cour de cassation appliquait ensuite au capital assuré le rapport fictif requis par l'article 922 du Code civil, pour la formation du dividende sur lequel se calculent la réserve et la quotité disponible.

La Cour d'Amiens avait décidé que, dans le cas où l'assuré laisserait des héritiers réservataires, le montant de cette même libéralité devrait être compris dans la masse des biens donnés, pour le calcul de la quotité disponible conformément à l'article 922 et que le béné-

(1) Cass., 8 février 1888, Sirey, 1888.1.121 (motifs).

F.— 12

ficiaire subirait la réduction si la libéralité excédait la quotité disponible (1).

Par un arrêt plus récent, la Cour d'Agen avait statué dans le même sens (2).

Mais cette jurisprudence ne pouvait logiquement être maintenue, étant donné la base même du système de la Cour suprême en matière d'assurance-vie.

Puisque, à aucun instant, le capital assuré n'a fait partie du patrimoine du stipulant, comment se peut-il faire qu'il devienne, à son décès, valeur successorale et qu'il doive entrer en compte pour le calcul de la quotité disponible (3)?

« Il est évident, dit M. Naquet, que les biens que le Code a en vue, quand il prescrit de déterminer la masse héréditaire pour le calcul de la réserve, sont uniquement les biens existant ou ayant existé dans le patrimoine du défunt; ce ne sont jamais les simples espérances de gain, les valeurs futures créées par un contrat aléatoire, comme celles qui peuvent résulter d'un contrat d'assurance... l'esprit de nos lois doit amener à décider que le capital de l'assurance, étant une valeur créée qui n'a jamais fait partie du patrimoine du *de cujus*, ne doit être ni rapportée, ni réductible (4). »

(1) Amiens, 31 janvier 1889, Sirey, 1890.2.5.
(2) Agen, 25 mai 1891, Sirey, 1895.2.110. Citons même un arrêt de Douai, 13 janvier 1897, *Journal des assurances*, 1897, p. 128, qui décide que le montant de l'assurance constitue une libéralité.
(3) Note de Labbé sous Rennes, 9 février 1888, S. 1889.2.121. Cass., 23 juillet 1889, S. 1890.1.5.
(4) Naquet, note dans Sirey, 1889.2.17.

En présence de réclamations générales, la Chambre civile de la Cour de cassation, abandonnant la jurisprudence inaugurée par son arrêt du 8 février 1888, a jugé par arrêt du 8 juin 1896 que lorsqu'un contrat d'assurance sur la vie contient stipulation pure et simple que, moyennant le paiement de primes annuelles, une somme déterminée sera, au décès du stipulant, versée à une personne spécialement désignée, « le capital stipulé n'ayant jamais fait partie du patrimoine du stipulant, ne constituant pas une valeur successorale, ne saurait, par suite, entrer en compte pour le calcul de la réserve » (1).

Mais ceci n'est applicable qu'aux bénéficiaires déterminés, ainsi que nous l'avons déjà fait remarquer pour le rapport.

Quand l'assurance est souscrite au profit de bénéficiaires indéterminés, la jurisprudence estime que l'attribution du bénéfice est régie par l'article 1122 du Code civil ; par suite le capital assuré devient une valeur successorale dont la disposition est soumise à la réduction comme toutes les autres libéralités.

Dans notre système, au contraire, les bénéficiaires même indéterminés ont un droit direct sur le montant de l'indemnité ; et nous avons dit que cette indemnité est stipulée, non dans un but de libéralité, mais pour assurer l'exécution d'une obligation civile ou naturelle ;

(1) Cass., 29 juin 1896, Sirey, 1897.1.301.

donc il n'y a pas là de valeur successorale et quel que
soit le bénéficiaire appelé à recevoir l'indemnité, il ne
peut y avoir lieu à réduction puisqu'il n'y a pas de libéralité.

§ 2. — **Effets du contrat d'assurance souscrit au profit de
bénéficiaires indéterminés vis-à-vis des créanciers de l'assuré.**

La situation d'un débiteur vis-à-vis de ses créanciers
est régie par un principe général contenu dans les articles 2092 et 2093 du Code civil.

Aux termes de l'article 2092 du Code civil : « Quicon-
que s'est obligé personnellement est tenu de remplir son
engagement sur tous ses biens mobiliers et immobiliers,
présents et à venir. »

L'article 2093 du Code civil impose le partage de tous
les biens du débiteur entre tous ses créanciers sans distinction, à moins qu'il n'y ait légalement une cause
quelconque de préférence : « Les biens du débiteur, dit
l'article 2093 sont le gage commun de ses créanciers ; et
le prix s'en distribue entre eux par contribution, à moins
qu'il n'y ait entre les créanciers des causes légitimes
de préférence. »

Les articles 1166 et 1167 du Code civil indiquent en
outre les moyens de mettre en valeur les droits des
créanciers à cette occasion.

Dès, le début, nous pouvons constater qu'en présence

des termes si absolus des articles 2092 et 2093 du Code civil, qui affectent tous les biens, présents et à venir, à la garantie des créanciers, il paraît impossible de constituer un droit direct sur le capital de l'assurance au profit des bénéficiaires indéterminés à l'encontre des droits des créanciers.

Puisqu'un bien quel qu'il soit, présent ou à venir, tombe sous le gage des créanciers aussitôt qu'il entre dans le patrimoine d'un débiteur, il paraît indispensable de reconnaître que l'indemnité d'assurance, quel que soit le bénéficiaire qui veuille y prétendre, doit être attribuée aux créanciers de l'assuré, à moins que le bénéficiaire n'ait une cause légitime de préférence sur ce capital.

C'est cette observation qui inspirait à M. Thaller, il y a quelques années, les observations suivantes : « Un de nos maîtres le disait, il y a quelques années, avec cette puissance de vue dont témoignent ses divers travaux : « Il faut se hâter de modifier une législation peu hospitalière pour une institution aussi morale, aussi bienfaisante que l'assurance sur la vie ; surtout quand elle est contractée avec une abnégation généreuse par une personne au profit direct et exclusif de ses enfants nés et à naître ». Cet appel jusqu'ici ne paraît pas avoir été entendu. C'est d'autant plus fâcheux que l'assurance n'arrivera pas à réaliser entièrement sa fonction de contrat de prévoyance — on peut le dire sans prétendre au rôle de prophète — tant qu'on ne la dotera point d'une loi particulière ».

Pour remédier à cet inconvénient et pour donner à
l'assuré la certitude de voir l'attribution de l'indemnité
se réaliser suivant sa volonté, M. Thaller proposait
nettement d'insérer dans le Code de procédure, à la suite
de l'article 581, au titre des saisies-arrêts, une disposition nouvelle rendant insaisissables, tant au regard de
l'assuré que vis-à-vis du tiers bénéficiaire à l'occasion,
les polices d'assurances sur la vie. Du moins la seule
partie de ces polices susceptible de saisie ou, en général, de réclamations créancières, serait celle qui correspondrait à une diminution réelle de fortune (1).

Pour justifier sa proposition, M. Thaller citait l'exemple d'une société par actions qui constitue au profit des
tiers un capital déterminé. Quand les inventaires sont
brillants, cette société est autorisée et même tenue de
de ne pas mettre tout le bénéfice en distribution et de
verser au compte de réserve ce qui dépasse un certain
rendement. Cette réserve n'est point sous l'action des
créanciers ; les associés peuvent en régler l'emploi et se
le partager à leur gré sous diverses formes. Si la société
fait plus tard de mauvaises affaires, il n'y a pas lieu de
rapporter à la masse les valeurs mises ainsi à l'abri de
l'aléa des affaires. « Je ne vois pas, dit M. Thaller, un
tribunal, en cas de faillite, réunissant à la masse du
capital ces acquisitions qui remontent au temps des
exercices prospères. Alors d'où vient que ce qui est li-

(1) Thaller, *Annales de droit commercial,* 1888, p. 100.

cité et régulier pour une exploitation conduite en société, cesse de l'être pour un commerce individuel ou pour une profession quelconque ? »

D'après M. Thaller c'est dans le monde des affaires que l'assurance devrait trouver sa principale clientèle. Le négociant, exposé plus que tout autre au risque des mauvaises affaires, y trouverait un moyen commode et très honorable de ménager à sa femme, à ses enfants et à lui-même pour ses vieux jours, un fonds de subsistance, une rente alimentaire.

« Prélever tous les ans sur les bénéfices que l'inventaire constate quelques centaines de francs, employer une combinaison qui mette cette épargne en dehors du commerce et de ses fluctuations, y-a-il rien de plus moral? Si tous les procédés usités pour placer, aux approches d'une liquidation, son bien en lieu sûr, présentaient autant de franchise, les censeurs de nos mœurs commerciales en seraient pour leurs frais de remontrances. Ce travail de capitalisation se continuera tant que les bonnes affaires permettront d'y pourvoir. »

Les créanciers ne sauraient se dire lésés. Ils ont bien traité avec le débiteur sur la foi d'un gage, de l'ensemble des valeurs qu'il possédait. Mais les revenus de ce gage, les économies faites sur ces valeurs ne leur ont jamais été promis. Si le négociant avait consacré cet excédent à des dépenses improductives, personne ne lui en eut fait un reproche. « Et parce que, pénétré du désir d'assurer un sort à sa famille, cet homme aura pré-

féré un placement de prévoyance, on considérera ses
intentions comme non avenues et l'on fera rentrer de
force dans le gage ce fonds séparé quand une faillite ou
une liquidation à perte viendra mettre la famille dans
la gêne ! Rien n'est moins équitable, rien n'est plus contraire à cette vérité, généralement répandue dans le commerce, que les bénéfices forment un élément de fortune
absolument disponible (1). »

Pour expliquer la différence qui existe entre un particulier et une société, on invoque le principe de l'uni-
versalité du patrimoine dont tous les éléments doivent
concourir au remboursement des dettes. Mais cet engagement de tous les biens mobiliers et immobiliers, présents et à venir que décrète l'article 2092 du Code civil,
n'est pas une bonne chose, dit M. Thaller ; ce principe
qui domine le droit des obligations, avec le caractère
absolu que la loi lui donne, cesse de répondre aux besoins de notre époque. « Un particulier devrait, comme
une société, pouvoir circonscrire la mesure du gage qu'il
procure aux tiers (2). »

M. Thaller croit qu'il y aurait erreur à penser que le
crédit en souffrirait. « Tout ce qu'on peut décemment
demander au débiteur, dit-il, c'est que cette limitation
voulue de garantie n'altère pas la consistance du capital
même avec lequel il a abordé les affaires, et que le mode
de placement révèle clairement l'intention de rendre le

(1) Thaller, *Annales de dr. com.*, 1888, p. 100 et suiv.
(2) Thaller, *Annales de dr. com.*, 1888, p. 100.

fruit de ses économies insaisissable. Sous cette double
condition, son plan de capitalisation doit aboutir. Si la
loi ne lui prête pas son assistance, il ne faut pas hésiter
à le reconnaître, la loi est mal faite. »

Le rapprochement que fait ensuite M. Thaller entre
l'insaisissabilité des rentes sur l'État et la saisissabilité
des indemnités d'assurances sur la vie est un argument
de plus qui montre l'insuffisance de notre législation
privée ; enfin les nombreuses décisions contradictoires
de la jurisprudence et les raisonnements subtils et
scolastiques auxquels on a dû recourir pour justifier des
solutions équitables montrent bien que les principes
rigoureux de notre Code sont en contradiction avec la
volonté des parties et le sentiment bien entendu des besoins sociaux.

M. Thaller explique ensuite comment les compagnies
d'assurances et les assurés ont été amenés à désigner le
bénéficiaire du contrat d'assurance.

Lorsque l'assurance fit sa première apparition dans
la société française, la formule inscrite dans les polices
reconnaissait à l'assuré lui-même la vocation au bénéfice du contrat, ou, ce qui revenait au même, le capital
était stipulé au profit de la succession, des héritiers
appelés en termes génériques. Les compagnies s'aper-
çurent assez vite, dit M. Thaller, que c'était là proposer
à leurs clients un véritable marché de dupes. « On s'assure parce qu'on craint de laisser une succession obérée
et une famille dans le besoin. L'application de la police

au paiement des dettes donne au contrat une destination
toute contraire à celle que désirait l'assuré. La famille
reste sans ressources, en dépit du sacrifice que son chef
s'était imposé. Voilà un homme assez mal récompensé
de ses efforts. »

M. Thaller croit que c'est alors que l'on imagina de
titulariser les polices au nom de la femme de l'assuré,
de ses enfants nommément désignés, des personnes lui
touchant de près. « Dans cette pratique qui s'est à la
longue généralisée, il ne faut voir qu'un biais, qu'un
subterfuge destiné à placer l'assurance hors de la portée
des créanciers. Ce n'est pas un sentiment de prédilec-
tion pour la personne désignée dans le contrat qui
pousse l'assuré à l'inscrire dans la police plutôt qu'une
autre. En réalité le souscripteur entend toujours poursuivre sa propre affaire. Le bénéficiaire résume à ses
yeux l'ensemble de ses proches auxquels il est tenu,
légalement ou en pure morale, de l'obligation alimentaire. Il dissimule souvent l'assuré lui-même qui, aux
approches de l'échéance du contrat et voyant que les
mauvaises chances sont conjurées, prend le parti de
rétablir par un avenant la police à son nom (1). »

C'est alors que la jurisprudence admet non sans
difficulté et sans controverses, l'existence d'un droit
direct au profit des bénéficiaires déterminés, même désignés collectivement comme « mes enfants », pourvu

(1) Thaller, *Annales de dr. com.*, 1883, p. 100 et suiv.

que la police n'ajoutât pas « nés ou à naître », même au
profit de la femme, malgré la loi des faillites. Mais par
suite de quel phénomène de droit s'opère ainsi cette
acquisition par le tiers d'une valeur qui, d'après les
arrêts de la jurisprudence, n'aurait jamais traversé le
patrimoine de l'assuré, ne se formerait qu'après son
décès et en dehors de sa succession ? M. Thaller constate que la question est assez complexe pour que les
magistrats s'en expliquent, mais qu'en réalité ils ne le
font pas ; à ses yeux, la doctrine qui ressort de la jurisprudence actuelle manque de netteté. En outre, « on n'a
pas toujours la ressource d'immatriculer le contrat au
nom de sa femme ou de ses enfants. Sait-on si la femme survivra pour recueillir la police ? Le cercle des
enfants est-il, au moment de la convention, définitivement limité, de manière que l'assuré ait la certitude de
n'en plus avoir ? Et s'il lui en survient un dernier,
pourquoi celui-là serait-il exclu du profit de la police ?
Il sera toujours temps alors de rectifier le contrat par la
conclusion d'un avenant ! Cela est-il bien sûr et ne voit-
on pas dans la vie courante mille causes de diversion
faisant oublier à l'homme qu'il a d'anciennes affaires à
remettre à jour ? »

Les difficultés auxquelles peuvent donner lieu encore
les conflits des bénéficiaires, de la femme surtout, avec
la masse de la faillite, ainsi que les prétentions des
créanciers au rachat, à la réduction de la police d'assurance, au rapport des primes payées, montrent bien que

« les conjectures tiennent plus de place dans ces pro-
blèmes que les vérités démontrées, et que c'est là un
obstacle sérieux de la diffusion de l'assurance ».

C'est pour éviter une pareille incertitude que M. Thaller proposait de rendre insaisissables, en vertu d'une
disposition insérée à la suite de l'article 581 du Code de
procédure civile, et tant au regard de l'assuré que vis-à-
vis du tiers bénéficiaire à l'occasion, les polices d'assurance sur la vie. Du moins la seule partie de ces polices
susceptibles de saisie ou, en général, de réclamations
créancières serait celle qui correspondrait d'autre part à
une diminution réelle de fortune (1).

La théorie de M. Thaller est digne d'attention et elle
aboutit certainement à un résultat équitable; elle assure, nous le croyons, le respect de la volonté de l'assuré, mais est-il bien nécessaire d'aller aussi loin et de
rendre insaisissable d'une manière absolue l'indemnité
d'assurance?

Déjà, en 1888, dans sa réponse à l'article de M. Thal-

(1) En terminant, M. Thaller montre l'exemple de l'Angleterre où les
polices sont le plus souvent contractées par le mari sur sa propre vie
et libellées en faveur de sa femme ou de ses enfants; un statut du
18 août 1882, relatif aux biens des femmes mariées renferme une section
onzième d'après laquelle cette assurance crée un *trust* au profit des bénéficiaires, ce qui permet, en cas de faillite, de la ranger en dehors des
biens de l'assuré et de leur liquidation. A moins de fraude démontrée, il
n'y aura pas à faire état à la masse des primes versées. « C'est là, ajoute
M. Thaller, une faveur assez précieuse pour avoir exercé une heureuse
influence sur les progrès d'une institution et la marche croissante des
affaires des Compagnies » Aussi, en Angleterre, les capitaux assurés
sont-ils de plus de 12 milliards et les primes annuelles de plus de
500 millions tandis qu'en France les capitaux n'atteignent pas 4 milliards
et les primes 120 millions.

ler. M. Labbé proposait de restreindre la portée de la
réforme demandée par M. Thaller, et, en la restreignant,
il croyait, disait-il, augmenter ses chances d'être adoptée (1).

Dans l'émolument que procure un contrat d'assurance, M. Labbé estimait qu'on peut distinguer deux
choses :

1º Des économies capitalisées avec la puissance de
productivité que peut avoir une administration finan-
cière opérant sur des sommes importantes;

2º Une majoration du capital en compensation des
chances courues par la compagnie.

Étant donné ces deux éléments, M. Labbé formulait
la proposition suivante : Lorsque l'assurance sur la vie
aurait été contractée de telle sorte que l'assuré conser-
verait jusqu'à sa mort la disposition du droit résultant
de l'assurance, au décès de l'assuré les primes par lui
payées rentreraient dans sa succession ; elles augmen-
teraient le gage de ses créanciers ; elles grossiraient le
patrimoine dont la quotité disponible est une portion.
Les créanciers et les réservataires n'auraient pas à se
plaindre, car ces primes sont presque toujours des économies faites sur des revenus qui auraient été dépensés
sans l'obligation contractée envers la compagnie d'assurances, de telle sorte qu'un contrat dont le mobile
n'a pas été l'intérêt des créanciers procurerait à ces créan-

(1) Labbé, *De l'insaisissabilité des polices d'assurances sur la vie,*
Annales du dr. com., 1888, p. 192.

ciers un certain avantage. Nous avouons même que le
rapport à la masse de la totalité des primes versées peut
paraître une concession excessive faite aux créanciers.
Mais il ne faut pas oublier que cette concession est en
quelque sorte la rançon d'une insaisissabilité que l'on
veut établir par dérogation au droit commun. Il s'agit
de déroger en effet à la règle que toutes les valeurs dont
une personne a la disposition composent son patrimoine, forment la base de son crédit et sont la garantie
de ses obligations. Nous ajouterons qu'il faut nécessairement, en cette circonstance, recourir à une transaction
et, pour ainsi parler, à une cote mal taillée, dans l'impossibilité où l'on est de savoir après coup ce que le
débiteur aurait amassé et conservé de ses revenus, s'il
n'avait pas contracté l'assurance (1).

Cette part assez large faite aux créanciers et aux réservataires, nous verrions peu d'inconvénients et de
grands avantages à soustraire à l'action des créanciers
l'excédent du capital exigible de la compagnie (2).

(1) Labbé, *Annales du dr. com.*, 1888, p. 192. Ainsi que le faisait remarquer M. Labbé : les économies, l'assuré aurait pu les faire ; elles sortent de sa fortune, elles sont un produit de son activité. La capitalisation faite par lui n'aurait pas été aussi puissante, aussi profitable que
celle que peut réaliser une compagnie. Admettons même que les revenus
périodiques de ces économies placées auraient été absorbés dans la dé-
pense journalière. Reste, comme somme qui aurait pu être le gage des
créanciers, le montant totalisé des primes payées à la Compagnie : voilà
un élément.
(2) M. Labbé justifiait sa proposition à cet égard de la manière suivante :
la compagnie d'après un calcul combiné de chances et d'anatocisme, a
promis de payer un capital qui, le cas échéant, peut être supérieur au
montant des primes qu'elle a reçues ; cet excédent représente l'aléa con-

Ce surplus irait tout droit aux personnes auxquelles l'assuré l'a destiné en contractant ou à tous autres bénéficiaires auxquels il l'aurait ensuite attribué. Nous n'exclurions pas ceux avec lesquels l'assuré aurait fait un traité à titre onéreux en disposant du droit éventuel résultant pour lui de l'assurance.

M. Labbé faisait remarquer que le germe de cette distinction se trouve dans plusieurs arrêts de la Cour de cassation. Nous savons en effet que la Cour suprème a plusieurs fois déclaré que le capital promis par la compagnie d'assurances n'existe pas avant le décès de l'assuré, que c'est une valeur créée par la combinaison de l'assurance et non pas distraite du patrimoine de l'assuré. En étudiant le mécanisme de l'assurance, nous avons vu aussi que la compagnie prend en partie ce qu'elle donne à ceux de ses assurés qui meurent les premiers sur les primes versées par ceux qui vivent plus longtemps.

Sans doute quand l'assuré vivra longtemps la restitution pourra être onéreuse, les créanciers pourront avoir à recouvrer une somme considérable, mais M. Labbé observait justement que « les assurances qui méritent une faveur législative sont celles qui réparent le tort d'une mort prématurée, qui sauvent une famille du désastre que peut entraîner la perte inopinée de son chef;

tenu dans l'assurance sur la vie. Car, tout en rapprochant l'assurance en cas de décès du *mutuum* (la compagnie reçoit à charge de rendre), on n'a jamais nié que le contrat ne fît espérer un bénéfice aléatoire.

que plus la vie humaine en se prolongeant permet la
réalisation des espérances et le succès des entreprises,
plus il est juste de ne pas s'écarter du droit commun ».

En somme le système législatif proposé par M. Labbé
eut été basé sur la distinction de deux éléments de l'assurance :

1° Les primes ;

2° Le bénéfice aléatoire excédant le montant des primes.

Les créanciers auraient pu réclamer la restitution des
primes payées par l'assuré, ils n'auraient jamais pu
émettre aucune prétention sur la partie représentant le
bénéfice aléatoire de l'assurance.

A vrai dire le système de M. Labbé ne diffère guère
de celui de M. Thaller, puisque celui-ci, ainsi que nous
l'avons vu plus haut, ajoutait à sa proposition une légère restriction : « Du moins, disait-il, la seule partie
de ces polices susceptible de réclamations créancières
serait celle qui correspondrait à une diminution réelle
de fortune (1). »

Les deux propositions sont donc à peu près semblables ; il faut d'ailleurs remarquer qu'il n'y avait là que
des propositions toujours susceptibles d'amendement.
Dans tous les cas, l'une comme l'autre avait pour but
de proclamer législativement la mise hors du patrimoine
du débiteur, pour la soustraire au droit de gage général

(1) Voir plus haut, page 182.

des créanciers, du bénéfice de l'assurance ; tout au moins pour la partie représentant le montant des primes versées.

Assurément une loi sur les assurances serait nécessaire en France ; car elle mettrait fin aux controverses si nombreuses qui ont été soulevées et dont plusieurs peuvent encore engendrer des difficultés. Mais pour le point qui nous occupe, une loi est-elle indispensable (1) ? »

Est-il nécessaire de proclamer l'insaisissabilité de tout ou partie du bénéfice de l'assurance alors que le capital assuré tout entier doit nécessairement être considéré comme étranger au patrimoine de l'assuré ?

La jurisprudence. M. Labbé l'a constaté lui-même, reconnaît aujourd'hui sans discussion que le capital assuré n'existe qu'à la mort de l'assuré et par conséquent qu'il n'a pas pu prendre naissance dans le patrimoine de l'assuré. L'affirmation législative de l'insai-

(1) M. Labbé, d'ailleurs, ajoutait qu'une loi ne lui paraissait pas indispensable pour mettre hors de l'atteinte des créanciers l'assurance au profit d'un bénéficiaire déterminé. « Nous persistons au surplus à croire qu'il n'est pas besoin d'une loi nouvelle pour procurer à des personnes que l'on désigne et que l'on gratifie et dans la désignation desquelles on renonce à varier, le bénéfice d'une assurance sur la vie, sans que les créanciers de l'assuré aient aucune prétention à élever sur cette valeur. Selon nous le meilleur moyen est celui de la gestion d'affaires accompagnée d'une donation indirecte des primes payées en l'acquit de la personne au nom de laquelle l'assurance a été contractée. Cette hypothèse réalise véritablement l'assurance pour autrui. La personne que le gérant d'affaires a représentée est réellement assurée contre le péril de la mort anticipée d'autrui. Le père de famille qui agit ainsi ne mêle aucune considération personnelle au souci des êtres qui lui sont chers, et à l'avenir desquels il veut pourvoir, même au delà de son décès. »
Labbé, *Annales de droit comm.*, 1888, p. 192.

sissabilité n'ajouterait rien à la situation de ce capital, telle qu'elle est comprise et affirmée par la Cour de cassation ; nous n'insisterions donc pas sur ce point si nous ne jugions utile de chercher le motif de cette situation.

Pourquoi le capital assuré, le bénéfice de l'assurance est-il en dehors du patrimoine de l'assuré et hors d'atteinte des prétentions des créanciers ?

Une explication a été proposée récemment par M. Edouard Olivier dans les *Annales de droit commercial* (1).

Voici comment s'exprimait M. E. Olivier : « Une science moderne, la statistique, a permis de fonder sur le calcul des probabilités un système qui, avec l'aide de l'association, donne le moyen de reconstituer le capital humain qui disparaît par suite de la mort prématurée d'un homme dont le travail, prolongé suivant les prévisions habituelles, aurait produit probablement la somme que la compagnie s'engage à payer intégralement aussitôt après le versement de la première prime et quelle que soit l'époque de sa mort. Tel est le principe qui fait la force de cette institution et qui lui sert de base, quoiqu'il soit souvent dénaturé dans la pratique. La valeur ainsi créée ne fera jamais partie du patrimoine du contractant, puisqu'elle ne prend naissance que par le fait de sa mort. Comme conséquence, elle ne

(1) Edouard Olivier. *De la nature du contrat d'assurance sur la vie.* Annales de dr. comm., 1895. p. 440 et suiv. .

fera pas non plus partie de sa succession : car celle-ci
ne comprend que les droits actifs ou passifs compris
dans le patrimoine. Le patrimoine et la succession ont
nécessairement la même composition et la même consistance. Le capital assuré, à cause de son origine, en est
exclu.Nous noustrouvonsdonc en présence d'une somme
d'argent qui restera distincte de la succession et qui for-
·mera en quelque sorte une seconde succession, une succession exceptionnelle (1). »

M. Edouard Olivier ajoutait en concluant : « Le principal effet de la convention d'assurance est de mettre le
capital assuré dans une succession particulière dont le
contractant, sauf le cas de fraude qui ouvre l'action de
l'article 1167 du Code civil, peut disposer souveraine-
ment (2). »

Il expliquait d'ailleurs que cette division du patrimoine et de la succession en plusieurs catégories n'est
pas une innovation. Elle a toujours été admise et elle
existe encore dans nos codes, soit à l'égard des créanciers, soit à l'égard des héritiers. Ainsi dans le très ancien droit romain et dans nos anciennes lois nationales,
l'habitation de la famille et le jardin étaient insaisissables. C'est du reste cette réglementation qu'on propose
de rétablir sous le nom de « homestead » et qui a de
nombreux partisans.

(1) Edouard Olivier, *Annales de droit commercial*, 1895, p. 451, 452, 453.
(2) Edouard Olivier, *Annales de droit commercial*, 1895, p. 451, 452, 453.

Notre Code de procédure civile, disait-il enfin, divise les biens en trois catégories : la première est insaisissable absolument, la seconde forme le gage de tous les créanciers et la troisième ne peut être saisie que par certains créanciers limitativement énumérés (art. 592 et 593, C. pr. civ.). Enfin l'institution des majorats encore admise par notre Code civil avait pour conséquence de créer véritablement au profit du titulaire un double patrimoine et une double succession (1).

M. Edouard Olivier nous paraît avoir donné de notre problème une description plutôt qu'une explication. Il a très bien dit que le capital assuré se formait en dehors du patrimoine de l'assuré, il a constaté que ce bénéfice de l'assurance ne faisait pas partie de la succession de l'assuré, mais, en réalité, il n'a pas dit pourquoi il en était ainsi, il n'a pas répondu à notre question.

Nous croyons que la réponse est des plus simples, cependant, et il est vraiment surprenant qu'elle n'ait pas été déjà faite.

Il est admis, et nous croyons avoir démontré qu'il n'y a pas lieu de douter à ce sujet, que le contrat d'assurances est un contrat d'indemnité.

Le bénéfice de l'assurance représente une indemnité, qui ne peut être due qu'après l'événement du risque couru, dans l'espèce, après la mort de l'assuré, événement dont l'assurance est destinée à compenser, par une indemnité pécuniaire, les effets préjudiciables.

(1) Edouard Olivier, *Annales de droit commercial*, 1896, p. 453, note 1.

C'est cette observation que la Cour de cassation consacre en disant que « le capital assuré ne se forme et ne commence d'exister que par le fait même de la mort du stipulant » (1).

Cette solution s'impose à cause du caractère indemnitaire de l'assurance, et c'est ce caractère indemnitaire de l'assurance que la jurisprudence n'a pas suffisamment mis en relief bien qu'elle l'ait elle-même proclamé plusieurs fois.

Dès lors, dans le patrimoine de qui peut naître le capital assuré, l'indemnité compensant pécuniairement le dommage résultant de la mort de l'assuré ? Sur la tête de qui peut naître le droit à ce capital ?

Il est évident que cette indemnité ne peut naître que dans le patrimoine de ceux qui subissent un préjudice à raison de la mort de l'assuré, il est évident que le droit à ce capital ne peut naître que sur la tête de ceux qui ont subi un préjudice à la suite du risque couvert par cette assurance.

Par conséquent ce capital indemnitaire n'a jamais pu naître dans le patrimoine de l'assuré, il n'a jamais pu se constituer sur sa tête.

Reste à déterminer qui peut réclamer, à titre d'indemnité, le bénéfice de cette assurance et alors deux hypothèses peuvent se présenter.

Ou bien l'assuré n'a désigné aucun bénéficiaire, et

(1) Cass., 29 juin 1896, Sirey, 1896.1.361.

dans ce cas le bénéfice de l'assurance sera dévolu à ceux qui subiront un préjudice moral ou matériel à l'occasion de ce risque.

Ou bien l'assuré a désigné un ou plusieurs bénéficiaires, et dans ce cas le capital assuré sera attribué à ces bénéficiaires à la seule condition qu'ils soient conçus et déterminables au jour où le risque se produit.

Dans aucun cas le capital assuré ne pourra être soumis au droit de gage général des créanciers de l'assuré, le caractère indemnitaire de l'assurance ne le permet pas, car il est inadmissible d'attribuer ce capital précisément aux créanciers de celui dont la mort fait naître le droit à cette indemnité.

CONCLUSION

Nous avons défini l'assurance sur la vie un contrat
par lequel l'assuré paie une prime, soit unique, soit annuelle, en échange de laquelle l'assureur s'engage à
payer, au décès de l'assuré, soit à sa succession, soit à
un ou plusieurs bénéficiaires, et à titre d'indemnité, un
capital destiné à compenser pécuniairement le dommage
matériel ou moral qui peut résulter du décès de l'assuré.

Nous avons ainsi, dans notre définition, établi que
le caractère essentiel de notre contrat est de constituer
un contrat d'indemnité, et de ce caractère de contrat
indemnitaire, nous avons tiré deux conséquences :

1° Le contrat d'assurance sur la vie ne saurait être,
comme on l'a trop souvent dit, une pure libéralité ; il
est de l'essence d'un contrat d'indemnité de constituer
un contrat commutatif.

Quand l'assuré désigne comme bénéficiaires les personnes à l'existence et au bien-être desquelles il a un
intérêt, soit pécuniaire ou matériel, soit moral ou d'affection, cet intérêt suffit à donner à cette attribution le
caractère d'un contrat à titre onéreux (1).

(1) Cf. Aubry et Rau, § 207, t. IV, p. 11.

Il faut reconnaître d'ailleurs une tendance générale à s'inspirer des circonstances pour apprécier le caractère gratuit ou commutatif de ce contrat.

Mais nous allons plus loin, nous croyons que le contrat d'assurance sur la vie ayant toujours pour objet de fournir une indemnité compensatoire du préjudice matériel ou moral causé par la mort de l'assuré, l'attribution du capital assuré à un bénéficiaire ne constitue jamais une libéralité.

2° De ce que le contrat d'assurance est essentiellement un contrat d'indemnité, il résulte aussi que le capital assuré ne peut exister qu'après l'événement du sinistre dont l'assurance a pour but de couvrir les conséquences fâcheuses.

Par suite, nous nous trouvons en présence d'une obligation future à terme incertain chez l'assureur.

Le terme incertain diffère, il est vrai, de la condition en ce que l'incertitude n'est pas absolue, l'incertitude ne porte pas à la fois sur l'événement et sur le délai; la mort étant un événement fatal qui doit tôt ou tard se produire.

Mais dans une assurance-vie, il y a peu d'intérêt à distinguer le terme incertain et la condition : car dans une assurance-vie le capital ne prend naissance, l'obligation n'a d'existence qu'au jour de la mort de l'assuré et ce terme incertain, la mort, événement incertain quant à son échéance, certain au contraire quant à sa réalisation, suspend ici, non pas l'exécution, mais l'existence même de l'obligation de l'assureur, c'est à la mort de l'assuré seulement que naît le capital indemnitaire issu du contrat d'assurance ; jusqu'à l'arrivée du sinistre l'obligation de l'assureur n'a pas d'objet.

Le bénéfice du contrat, le droit à l'indemnité constitue donc une chose future, un droit conditionnel.

Et de ceci, nous avons trouvé une preuve de plus dans le mécanisme de notre contrat ; nous avons vu, en effet, que l'assurance sur la vie constitue une série d'assurances annuelles successives ; par conséquent que, chaque année, en échange d'une prime annuelle calculée proportionnellement aux chances de mort de tous les assurés du même âge, l'assureur s'engage à payer le capital assuré si le décès survient dans l'année. Ce mécanisme de l'assurance est une preuve de plus que nous nous trouvons en présence d'un droit conditionnel et que l'événement dont l'arrivée détermine la naissance de l'obligation de l'assureur est le sinistre lui-même ; par conséquent qu'il ne saurait y avoir de rétroactivité au delà du décès de l'assuré.

Nous avons ainsi établi que le contrat d'assurance sur la vie est un contrat d'indemnité, et par suite constitue un contrat à titre onéreux dont l'objet est une chose future ; nous croyons qu'il en résulte que c'est au jour où l'indemnité prend naissance, au jour même du sinistre, le décès, qu'il faut se placer pour déterminer la capacité de ceux qui peuvent prétendre au bénéfice du contrat. Cette observation est, nous le croyons, d'une importance capitale dans notre matière.

Nous avons vu qu'une vraie controverse s'élève encore, dans la doctrine et la jurisprudence, sur le point de savoir si tout bénéficiaire a un droit direct contre la compagnie sur le montant de l'indemnité.

Admis sans difficulté aujourd'hui au profit du bénéficiaire déterminé, le droit direct est refusé au bénéficiaire indéterminé par la jurisprudence et contesté par un grand nombre d'auteurs.

Nous croyons que l'erreur de la jurisprudence et des auteurs qui l'approuvent provient, d'une part, de ce que ses décisions sont basées d'une manière absolue, sur une interprétation un peu étroite de l'article 1121 du Code civil, et, d'autre part, sur ce que la jurisprudence ne tire pas les conséquences logiques qui découlent du principe qu'elle a proclamé à plusieurs reprises et d'après lequel « le capital assuré ne se forme et ne commence d'exister que par le fait même de la mort du stipulant ».

Du moment que c'est au jour du décès de l'assuré seulement que l'objet de l'obligation prend naissance, c'est aussi à ce jour que l'obligation peut être valablement dévolue à un titulaire quelconque : toute attribution antérieure est inutile, car elle porte sur une obligation sans objet et par conséquent dépourvue d'existence.

Nous en concluons qu'il importe peu que le bénéficiaire soit déterminé ou indéterminé durant la vie de l'assuré : quelle que soit sa qualité pendant cette période, il faut et il suffit qu'il soit déterminé, ou tout au moins déterminable, au jour du décès de l'assuré, au jour du sinistre, parce qu'il n'y a d'indemnité qu'après l'arrivée de cet événement. C'est le seul moment à considérer pour apprécier la validité de l'attribution bénéficiaire de l'indemnité.

Dès lors, il nous paraît certain que, l'attribution prenant corps au jour du décès seulement, tout bénéficiaire a un droit égal à ce jour, et ce droit est un droit direct, découlant du contrat lui-même, sur l'obligation, aussitôt qu'elle prend naissance.

Partant de là, nous devons reconnaître à ce droit direct, que le bénéficiaire en ait été ou non déterminé pendant la vie de l'assuré, exactement les mêmes effets,

Pour déterminer les effets, nous avons distingué, d'une part, les rapports à l'égard des héritiers et, d'autre part, les rapports à l'égard des créanciers.

A l'égard des héritiers, nous devons observer qu'en fait il ne s'élèvera guère de conflit ; mais cependant si, par suite de la volonté formellement exprimée par l'assuré, le bénéfice se trouve attribué à tous les héritiers, à l'exclusion d'un seul, les héritiers bénéficiaires de l'assurance auront un droit direct sur l'indemnité, abstraction faite de tout rapport et de toute réduction. C'est l'article 1122 du Code civil, que la jurisprudence invoque en sens inverse, qui détermine à nos yeux cette conséquence.

A l'égard des créanciers, l'article 2092 du Code civil, nous l'avons vu, apparaît comme un obstacle infranchissable à l'attribution d'un droit direct contre l'assureur. Mais, si nous considérons avec soin que le capital se forme, non pas au moyen de l'accumulation ou capitalisation des primes, mais par suite d'une mutualité entre toutes les assurances de même nature d'une même année, si nous observons en outre que la libéralité, quand il y en a, porte uniquement sur les primes et que le plus souvent l'assurance n'est pas une libéralité, nous pouvons conclure que, sauf le cas de fraude manifeste donnant lieu à l'application de l'action paulienne (art. 1167, C. civ.), les créanciers ne sont en rien lésés par la constitution du capital assuré et le versement des primes, et, par suite, qu'ils ne peuvent invoquer aucun droit sur l'indemnité d'assurance puisque celle-ci n'a jamais fait partie du patrimoine du défunt.

Ainsi donc, droit direct au profit du bénéficiaire indéterminé, exclusion des créanciers et des héritiers, voilà les principes qui régissent notre matière.

Vu :
Le Président de la thèse,
CH. MASSIGLI.

Vu :
Le Doyen,
GARSONNET.

Vu et permis d'imprimer ;
Le Vice-Recteur de l'Académie de Paris,
GRÉARD.

BIBLIOGRAPHIE

Adam. — Etude sur la nature du contrat d'assurance sur la vie. Bruxelles, 1880.

Aubry et Rau. — Droit civil français.

Baudry-Lacantinerie et Barde. — Des obligations, 1897.

Bellier. — Considérations pratiques sur les assurances sur la vie.

Boistel. — Droit commercial et notes dans le *Recueil périodique* de Dalloz, 1889.1.130 et 153.

Bunyon. — The law of life insurance.

Chavegrin. — L'assurance sur la vie d'après les derniers arrêts de la Cour de cassation (*Le Droit*, 4 novembre 1888 et 1er août 1889).

Chaufton. — Les assurances, leur passé, leur présent, leur avenir. Paris, 1884.

Colmet de Santerre. — Cours analytique de droit civil.

Courcy (de). — Précis d'assurance sur la vie. Paris, 1887.

Couteau. — Traité des assurances sur la vie, 1887.

Crépon. — Note dans le *Recueil* de Sirey, 1888.1.121 et suiv.

Demangeat. — Rapport sur l'arrêt du 2 mars 1881, D. P. 1881.1. 104, S. 1881.1.146.

Demolombe. — Traité des contrats et obligations.

Deslandres. — De l'assurance sur la vie, étude sur les droits de l'assuré, des bénéficiaires, des cessionnaires et des créanciers. Thèse 1889. Du contrat d'assurance sur la vie au profit de bénéficiaires indéterminés (*Revue critique de législation et de jurisprudence*, 1891).

Dumaine. — Du contrat d'assurance sur la vie en droit civil et en droit fiscal, 1892.

Dupuich. — Note dans le *Recueil périodique* de Dalloz, 1892.2.153 et 1895.2.513.

Glasson. — Eléments de droit français considéré dans ses rapports avec le droit naturel et l'économie politique, 1875.

Henry (Paul). — De l'assurance sur la vie d'après les arrêts les plus récents.

Herbault. — Traité des assurances sur la vie.

Huc. — Commentaire de droit civil et traité de la cession.

Labbé. — Notes dans le *Recueil des lois et arrêts* de Sirey, 1877.1.
393; 1880.1.411; 1881.1.145 et 337; 1882.2.1; 1885.1.5 et 409;
1886.2.97; 1888.2.19.97.117; 1889.1.97; 1892.1.177; 1893.2.137;
1894.1.65 et 161. Et dans les *Annales de droit commercial*, 1888,193.

Lacoste. — Note dans le *Recueil des lois et arrêts* de Sirey, 1897.2.
25.

Lambert. — Du contrat en faveur de tiers. Thèse Paris, 1893.

Laurent. — Principes de droit civil.

Lefort. — Traité théorique et pratique du contrat d'assurance sur
la vie, 1896. De l'exercice du droit de rachat d'une assurance sur
la vie par les créanciers de l'assuré (*Revue générale du droit, de la
législation et de la jurisprudence*, décembre 1896).

Levasseur. — L'assurance. Paris, 1867.

Leveillé. — Rapport sur le concours de doctorat en 1869.

Levillain. — Note dans le *Recueil périodique* de Dalloz, 1879.2.25
et suiv.

Lyon-Caen et Renault. — *Droit commercial*.

Lyon-Caen. — Note dans le *Recueil des lois et arrêts* de Sirey,
1886.2.227.

Montluc (de). — Des assurances sur la vie dans leurs rapports
avec les principes du droit civil, du droit commercial et les lois
de l'enregistrement, 1870.

Mornard. — Du contrat d'assurance sur la vie, sa nature et ses
effets en cas de décès. Paris, 1883.

Mulle. — Note dans le *Recueil périodique* de Dalloz, 1877.1.377.

Olivier. — De la nature juridique du contrat d'assurance sur la vie
(*Annales de droit commercial*, 1896).

Planiol. — Note dans le *Recueil périodique* de Dalloz, 1890.1.409 et
1893.1.401.

Paul Pont. — Des petits contrats. — Contrats aléatoires.

Prugne (de la). — Traité théorique et pratique de l'assurance en
général, 1893.

Quénault. — Assurances terrestres.

Reboul. — De l'assurance sur la vie. L'assurance est-elle un contrat d'indemnité? (*Moniteur des assurances*, 15 novembre 1868).

Senes. — Théorie juridique des assurances sur la vie (*Moniteur des
assurances*, 1872, 1873 et 1887).

Thaller. — Dans les *Annales de droit commercial*, 1888 et note dans
le *Recueil périodique* de Dalloz, 1888.2.1.

Troplong. — Contrats aléatoires.

Vermot. — Du catéchisme de l'assurance, 1871.

RECUEILS DE JURISPRUDENCE

Annales de droit commercial.

Bulletin des assurances.

Dalloz. — *Recueil périodique. Répertoire alphabétique* et supplément
au *Répertoire.*

Le Droit.

Gazette des tribunaux.

Journal des assurances.

Journal des faillites.

La Loi.

Moniteur des assurances.

Pandectes françaises. Recueil périodique

Recueil périodique des assurances.

Revue critique de législation et de jurisprudence.

Revue générale du droit de la législation et de la jurisprudence.

Revue périodique des assurances.

Sirey. — *Recueil des lois et arrêts. Répertoire alphabétique.*

TABLE DES MATIÈRES

Imp. G. Saint-Aubin et Thevenot. — J. Thevenot, successeur, Saint-Dizier (Hte-Marne).

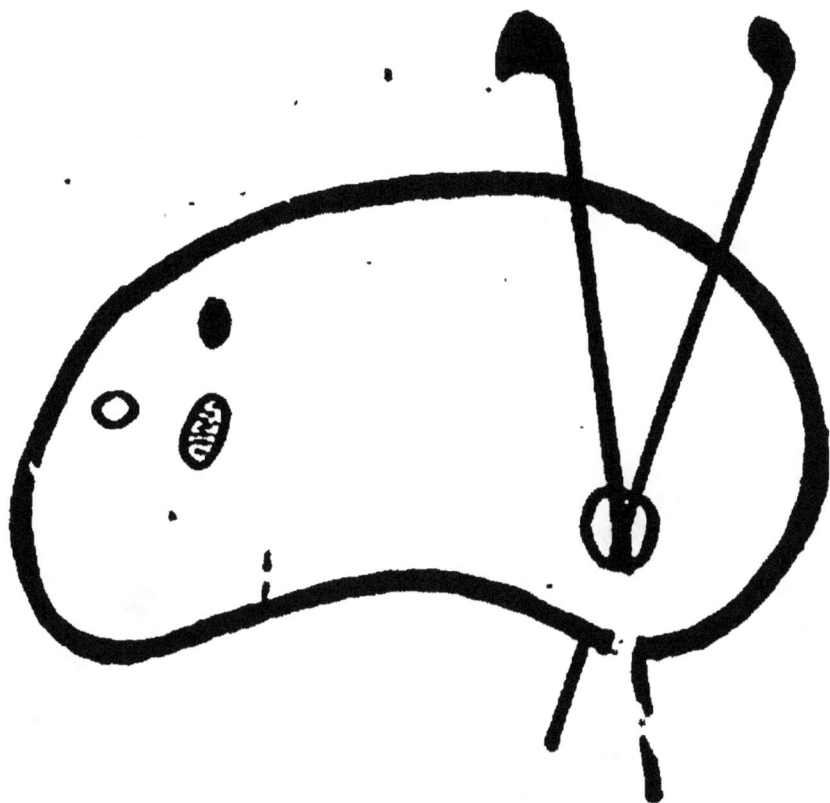

ORIGINAL EN COULEUR
NF Z 43-120-8